小企業の融資審査入門

由井 晃二／尾木 研三 ［著］

一般社団法人 金融財政事情研究会

はじめに——本書の目的と使い方

　金融庁は、2014年9月、従来の「金融検査方針」に代えて発表した「平成26事務年度金融モニタリング基本方針」のなかで、「事業性評価」に基づく融資について言及しました。「金融機関は、財務データや担保、保証に必要以上に依存することなく、借り手企業の事業の強みと弱みを把握し、今後の成長可能性を適切に評価し、融資や助言を行い、企業や産業の成長を支援していくことが求められる」ということです。これは、特に小さな企業の融資判断を行ううえでも、正鵠を射たものだと思います。

　小規模な法人企業や個人企業（個人事業主）といった小企業は、決算書の数字だけでは、企業実態を十分に把握、評価するのは困難です。大企業に比べて決算書の精度が低く、決算も年に1度しか行われないケースがほとんどなので、決算書の情報の量や質、鮮度が劣るからです。

　筆者が、自身の審査経験および現場での指導経験を通して実感したことは、「小企業の審査においては、小企業なりの審査の視点が必要」だということです。緻密な数字の比率分析よりも、多少大雑把であっても、より多角的な視点から企業実態を把握したうえで数字の分析を行うことが大切です。もちろん、決算書をベースにした財務分析、キャッシュフローの分析は重要であり、読者のみなさんにはぜひ身につけていただきたい知識です。ただ、それらについては数多くの書籍が出版されていますので、その習得については、他の専門書にお任せすることとします。

　小企業の審査の視点とは、「決算書等の数値を評価する定量分析を融資判断のベースにしつつも、数字の背景にある事業特性や経営者の実態といった定性分析に重点をおいて、適切な審査判断を導く」ことだと考えます。言い換えると、「定量分析と定性分析は車の両輪のようなものであり、どちらか一方だけでは十分な成果を生み出せず、双方がうまくかみ合ってこそ機能するもの」です。定性面と定量面の整合性を考えながら定量分析を行う、この視点から、小企業の審査のポイントについて具体的に解説していきます。

本書を読み進めるうちに、審査は複雑で難解なものではなく、とてもシンプルなものだということを理解してもらえると思います。本当に難しいのは、審査の過程で、「人間対人間の気持ちのぶつかり合いがある」という点です。どうしても必要だから融資を受けたいお客様、お客様の気持ちに応えたくても、冷静に返済能力を見極めたうえで審査判断をしなければならない審査担当者、この両者が、「立場の違いを超えてお互いが納得できる結果を導き出せるかどうか」ということです。数字上の理屈だけではなく、人の気持ちを踏まえて審査に臨む姿勢の大切さを、少しでも実感していただければ幸いです。

　筆者は、日本政策金融公庫退職前の8年間は、審査実務に長年携わってきた経験を活かし、入社2～3年目の新人審査担当者を指導する「審査インストラクター」の仕事に従事していました。新人指導のなかでは、お客様と丁寧に話をして企業実態を的確に把握することにより、決算書だけに頼らずに審査ができることを伝えてきました。この指導のために書き綴ったノートが8年間で相当な数になりました。今回、このノートを整理し、手を加えるとともに、元職場の上司であり、専修大学商学部教授である尾木研三氏に監修と執筆をお願いするなど、同氏がもつ審査や信用リスク管理の知見を加えて、共同で執筆することにしました。

　本書は、講義形式ながら、語り口調を意識し、読者のみなさんとマンツーマンで話しているようなイメージを大切にしました。経営者に話を聞く場面はさまざまで、そのパターンもいろいろです。最近では新型コロナウイルス感染症の流行をきっかけとした在宅ワークの拡大と、デジタル化の進展などを受けて、オンラインで面談を行うケースも増えてきましたが、本書では、経営者に金融機関の支店の窓口に来店してもらい、そこでインタビューをするという前提で執筆しています。この基本的なインタビューのかたちを身につけることにより、オンライン面談であっても十分に活用できると考えます。

　また、第Ⅴ章（創業企業審査）を除いて、全体を30の節に分け、一つひとつが独立したかたちで、どの節から読んでも理解できるように構成していま

す。1日1節ずつ学習すれば、1か月で小企業の審査が理解できることを目指しています。

　第Ⅰ章では、小企業審査の基本的な考え方、審査担当者としての心構えや審査の手順（①提出書類の分析、②経営者とのインタビュー、③実地調査、④稟議書の作成）について説明します。第Ⅱ章では、定量分析の基本としての「比率分析」について、第Ⅲ章では、定量分析の実践的な見方として、決算書や確定申告書の見方、分析の仕方など、「実数分析」について説明します。第Ⅳ章では、定量分析だけでは把握しきれない、事業の実態にアプローチする定性分析について説明し、ビジネスモデルの把握の仕方、定量面と定性面をリンクして考える見方などを解説します。

　最後の第Ⅴ章では、特別編として、審査が難しいといわれている創業企業の見方について掲載しました。審査の見方においては、業歴のある企業も創業する企業も大きな違いはありません。ただ、創業企業は決算書がないので、より定性面を重視した見方が必要になります。

　本書を執筆し始めた頃、筆者らは支店で新型コロナウイルス感染症特別貸付の融資業務に当たっていました。支店には、先行きが見通せず、不安な面持ちをした中小企業の経営者が次々に来店し、問い合わせの電話は鳴り止まず、BGMを掻き消してしまうほどでした。

　当時、中小企業や個人事業主の多くは、営業自粛や外出自粛などの影響で売上げの急減を余儀なくされ、明日の資金繰りに窮する状態にあり、中小企業のニーズは、一刻も早く資金を調達することでした。それだけではありません。緊急事態宣言が発出された頃から、自らの感染リスクを抑制したいというニーズが高まり、支店の来店者が減り、郵送やインターネットで申込みをする企業が増えてきました。これは金融機関側も同じで、職員も含めて支店で感染を拡大させないように、できる限りオンラインで業務を行いたいと考えていました。

　このような経験からも、今後は審査をオンラインで行うニーズが高まることが考えられます。そうはいっても、審査の基本は、「人対人」が直接話をすることによってお互いの考え方を理解し伝えることです。その意味では、

対面も非対面も基本的な考え方は変わらず、共通する点は多いはずです。そういった視点から本書に目を通し、理解いただけると幸いです。

　最後になりましたが、このような貴重な経験と知識を40年にわたり与えていただき、また今回の出版にあたり温かく見守っていただいた、前職の日本政策金融公庫に深い感謝の意をお伝えしたいと思います。

　　　2024年6月

　　　　　　　　　　　　　　　　　　　　　執筆者を代表して

　　　　　　　　　　　　　　　　　　　　　由井　晃二

目　次

第Ⅳ章　定性分析のポイント──事業性評価の視点から

第Ⅴ章　創業企業審査の留意点

著者略歴

由井 晃二（ゆい こうじ）

officeゆい　代表
元・日本政策金融公庫国民生活事業本部審査インストラクター

　1978年慶應義塾大学経済学部卒業後、国民金融公庫（現・日本政策金融公庫）入庫。支店勤務を経て83年から1年間米国ジョージ・ワシントン大学（GWU）に留学。84年から本店業務第一部。88年川崎支店の中堅として審査を担当。90年人事部研修課で職員の人材育成に従事。93年から横浜支店、浦和支店で通算7年間融資課長を務めた後、3つの支店で副事業統轄を歴任し、40年間にわたり小企業の融資審査に携わる。2010年から8年間、審査インストラクターとして約150人の新人審査員の育成に尽力する。
　一般社団法人与信管理協会会員。現在、officeゆい代表として、小企業の支援や育成に取り組む。

尾木 研三（おぎ けんぞう）

専修大学商学部教授　博士（工学）

　1988年国民金融公庫（現・日本政策金融公庫）入庫。支店勤務を経て、94年総合研究所、2003年総務部企画室、04年総合企画部、08年国民生活事業本部リスク管理部、17年東京地区統轄室、19年リスク管理部副部長、22年専修大学商学部准教授、24年から現職。
　2012年早稲田大学大学院ファイナンス研究科修了（MBA）、17年慶應義塾大学大学院理工学研究科後期博士課程修了（博士（工学））。19年から慶應義塾大学理工学部非常勤講師も務める。一般社団法人与信管理協会理事、応用経済時系列研究会理事。
　主な著書に『AI審査モデルの基礎知識　モデルのしくみと信用リスク管理』『スコアリングモデルの基礎知識　中小企業融資における見方・使い方』（ともに金融財政事情研究会）などがある。

2024年4月1日現在

第 **I** 章

審査の見方と手順

本章では、金融機関が、小規模な法人企業や個人事業主（以下、本書全体を通じて「小企業」といいます）に融資するかどうかを判断するための審査について、大企業や中堅企業の審査とは異なる特有の見方と審査の標準的な進め方を中心に解説します。

① 小企業の審査における特有の見方

　わが国には約360万社の企業があります。このうち大企業はわずか0.3％にすぎず、99.7％は中小企業です。さらに中小企業の約8割は従業員20人以下の小企業であり、その半数以上が個人企業です。個人企業の多くは、従業員数が2〜3人程度で、その多くは家族従業員です。そのため、事業会計と家計が重なる部分が多く、実態はブラックボックス化しているといわれています。

　法人企業も同様です。上場企業は株主や債権者のために監査法人や公認会計士の指導のもと厳密な決算を行っていますが、小規模な法人企業では税理士に依頼せず、経営者自身で経理処理をしている企業も少なくありません。税理士がついていても、経営者が大半の株式を保有しているため、第三者の株主を意識した経理を行っている企業は少数派です。

　そのため、小企業の決算書が、企業実態を正しく表していると考えるには、少々無理があります。確定申告書は税務申告書であり、税金の支払額を計算することが目的です。配当やキャピタルゲインを重視する第三者の株主がいなければ、悪意はなくても、税金は少ない方がよいという考えに傾き、利益を少なく計上している可能性があります。

　仮に正しく申告していたとしても、決算書の数字が企業実態を正確に表しているとは限りません。たとえば、回収の見込みが低い売掛金を資産として計上している場合、それ自体は間違った処理ではないものの、本来は除外すべき売掛金が資産に計上されたままだと、決算書上の資産額と実質的な資産額が異なってきます。このように、小企業の決算書には、大なり小なり実態との乖離があることを念頭に評価するべきです。

　なかには、意図的に決算書を偽装しているケースもあります。決算書の数

値を鵜呑みにしていては審査担当者として一人前とはいえません。決算書の数値を評価するだけなら、AI（人工知能）の方が効率よく、的確な審査判断をしてくれます。人間が評価する意味は、AIには見抜けないような数字に表れない企業のパフォーマンスを評価する必要があるからです。

　小企業の多くは赤字あるいは債務超過です。数字だけを分析すれば、返済財源がなく、融資はできないという結論になりますが、債務超過の小企業のほとんどが事業を継続し、融資の返済も期日どおりに行っているのが実態です。欠損企業もしくは債務超過の企業が、どうして期日どおりに返済できるのでしょうか。この点を明らかにすることが、小企業審査のポイントです。

　企業の経営目的は利益の最大化であり、大きな企業では、借入れの目的も成長を前提とした前向きな設備投資や売上拡大に対応した増加運転資金が主体となります。しかしながら、多くの小企業は、成長よりも企業維持のための資金繰り借入れが主体となっているのが実態です。このように、大企業と小企業とでは、借入金の使いみちにおいて大きな違いがあり、この点からも、大企業を審査する視点ではなく、小企業の実態を的確に判断する視点が必要なのです。

　大企業に比べて小企業が必要とする融資額は少額であり、金融機関から見ると利息収入が少なく、審査コストを勘案すると収益性の高い融資ではありません。利益を増やすためには融資件数を増やすしかなく、一つひとつの審査に手間とコストをかけずに、短時間で効率よく行うことが求められます。そこで、低コストで大量処理できるAI審査モデルが注目されているわけですが、先述したように、決算書の数値と実態に乖離がある場合、AIは正確な判定ができなくなります。銀行口座の入出金情報やクラウド会計など、決算書の数字に代わる個別のデータを活用する融資も行われていますが、普及にはもう少し時間がかかりそうです。

　決算書の数字を使った比率分析は大切ですが、小企業の実態を踏まえると、個々の企業の特徴や強み、経営者の個人資産額や家族・身内の協力度合いなど、決算書の数字に表れないパフォーマンスを評価することがより重要になります。小企業の審査は定性分析が重要といわれるゆえんです。決算書

の分析に偏ることなく、人間の五感を駆使して審査すること、その積み重ねが、審査技量の強化につながっていきます。

② 審査の手順

融資の審査は、どのような手順で行えばよいのでしょうか。手順は、お客様との取引関係によっても異なります。すでに融資の取引があるお客様の場合は、一から話を聞く必要はありませんが、取引のないお客様であれば、お会いしたり、事務所を訪問したりするなど、何らかのかたちで話を聞く必要があります。

融資の相談があれば、医者が患者のカルテを作るように、審査担当者は融資の稟議書を作らなければなりません。稟議書は、決算書や過去の取引履歴、入出金履歴、信用情報など既存の情報をもとに作成します。足りない情報や疑問点があれば、帳簿や領収書、請求書等を確認する必要も出てきます。

ここでは、新規のお客様のケースを念頭に話を進めます。大まかな手順は、まず、決算書や申告書など、相談時に必要な書類を提出してもらい、その資料を事前に分析します。次に、支店で、あるいはリモートで、経営者にインタビューをします。さらに、審査担当者が営業所や工場などに出向いて現場を確認し、最後に稟議書を作成し、融資の判断を行います。本章では、こうした一連の手順を解説します。もちろん、この手順で進めなければならないということではありませんので、金融機関やお客様の実情に合わせてカスタマイズして審査を進めてください。

新規のお客様を想定した審査の手順は、主に以下のとおりになります。

① インタビューの準備

② 提出書類の分析

③ インタビュー

④ 実地調査

⑤ 稟議書の作成

この５つの手順について、以降の節で一つひとつ説明していきます。

I-1 審査担当者の心構え
——Cool Head but Warm Heart

　審査担当者は金融機関という組織を代表する立場でお客様と接することになります。経験が浅くても、知識が不十分でも、お客様にとっては関係ありません。お客様から見れば、審査担当者は、融資の可否の行方を握っているキーパーソンであることを忘れないでください。

　組織を代表する立場でお客様と接するわけですから、的確な審査を行い、適正な判断をする責任があります。お客様の実態を正確に把握し、その内容を決裁者である上司に的確に報告して、適正判断を仰ぐ役割を担っているということです。この責務をまっとうするには、必要な知識を身につけ、主観に左右されない客観的な審査を行う能力が求められます。

　審査担当者として気をつけるべきポイントが2つあります。1つ目は、お客様に信頼されることです。2つ目は、企業実態を冷静に見極める力を身につけることです。

❶ お客様に信頼される審査担当者になる

　お客様に信頼されるために、心がけたいことが2つあります。1つ目は、常にお客様の立場に立って審査を進めること、2つ目は、お客様が話しやすい環境をつくることです。

(1) お客様の立場に立つ

　お客様にとって、融資の審査を受けることは、精神的なストレスがかかる行為です。「担当者はどんな人かな」「自分の商売のことを理解してくれる人だといいな」など、さまざまな不安を感じます。審査担当者は、このようなお客様の心情を十分に理解し、その不安を解消し、信頼を得るために最善の努力をすることが求められます。間違っても「貸してやる」という、高圧的な態度は避けなければいけません。お客様と同じ目線で「希望する融資の条件を満たすにはどのような情報が必要なのか」「そのために自分は何ができるのか」など、お客様に寄り添った謙虚な姿勢が求められます。

審査担当者は、弁護士の立場とよく似ていると思います。弁護士は裁判官と依頼人の間に立ち、依頼人の立場で証拠を集めて、裁判官に事実を説明し、依頼人に不利な判決が下されないように弁護に当たります。審査担当者の立場も弁護士と同じです。裁判官を「決裁者」、依頼人を「お客様」に置き換えてみてください。審査担当者は決裁者とお客様の間に立ち、適正な審査判断が行われるように、企業の実態把握に努め、稟議書という報告書を使って決裁者に事実を説明し、お客様が希望する融資の実現に向けて努力する役割を担っているのです。

　もちろん、お客様の希望を実現するために、悪い情報を報告しなかったり、事実と異なる報告をしたりすることは、情実融資といってコンプライアンス違反となりますので注意が必要です。お客様の立場に立つことは必要ですが、必要以上に肩入れしたり、忖度したりすることは厳に慎まなければなりません。審査担当者は、主観に左右されない客観的な審査を行うことが求められます。

⑵　話しやすい環境をつくる

　テレビドラマのなかで、弁護士が依頼人に対して「隠しごとをせず、真実を包み隠さず話してもらわなければ弁護はできません」というシーンを見たことはありませんか。審査も同じです。「企業実態を包み隠さず教えていただかなければ適正な判断はできません」「お客様の希望に沿いたいので、協力していただけませんか」といった言葉を用い、審査担当者の寄り添う気持ちを伝えることです。

　お客様から信頼されるかどうかは審査担当者の姿勢次第です。高圧的な審査担当者に心を開く人はいません。「お客様の立場を理解して行動する」ことができれば、信頼される審査担当者になれるはずです。

❷　冷静に企業実態を見極める能力を身につける

　お客様の立場に立って審査を進めるべきだと説明しましたが、誤解しないでほしいことがあります。それは、お客様の立場に立って審査を進めることと、お客様を過度に信用することは同じではないということです。お客様の

発言を全面的に信用し、客観的な評価ができずに誤った審査判断をしてしまうことがあってはなりません。いわれたことを鵜呑みにせず、客観的なフィルターを通して、一つひとつの発言が事実かどうかを、冷静に見極める能力が必要だということです。

　人は誰でも不利な情報はいいたくないものです。お金に関わることになればなおさらでしょう。悪気はなくても無意識に自分にとって有利になるように伝えたいという意識が働くものです。審査担当者として、お客様が話していることが事実なのか、事実と異なるのかの見極めが、企業の適格な実態把握につながります。

(1)　常識を働かせる

　お客様の発言内容を見極めるには、専門的な知識よりも常識を働かせることがポイントです。たとえば、「数億円の住宅ローンを数百万円の役員報酬で返済できるのか」「現金商売なのに売掛金が月商の6か月分もあるのはなぜか」など、素朴な疑問を大切にしてください。

　何かおかしいと思ったり、不自然だなと感じたりする点があれば、納得するまで調べることです。調べてもわからなければ、お客様に聞いてみる。そうした積み重ねによって発言内容を少しずつ見極めていくのです。

(2)　疑問点の裏付けを取る

　テレビの刑事ドラマには、刑事が犯人を捕まえるために、容疑者をリストアップし、そのなかから数を絞り込んでいき、犯人にたどり着くという話があります。刑事が容疑者に対してアリバイの有無を確認する場面では、容疑者が「その日は午後6時から9時まで友人とレストランで食事をしていました」と答えたとき、「そうですか、わかりました」で捜査を終わりにしません。必ず、その店に行って聞き込みを行い、発言が事実かどうかを裏付け捜査します。裏付けが取れればリストから落としていき、最後に残った容疑者を犯人として追及していきます。

　審査も似ています。容疑者を「企業実態を判断するうえでの疑問点」と置き換えてみてください。お客様が提出した資料やお客様の発言をもとに、疑問点をリストアップします。数項目から場合により十数項目出てくることも

あります。審査担当者の常識が働けば、疑問点がひとつもない企業はないはずです。浮かび上がった疑問点を、さまざまな資料やお客様への聴き取りなどから裏付けを取り、疑問点を解消していきます。疑問点は必ず裏付けを得て客観的に判断してください。決して「たぶんこういうことだろう」「こういうことに違いない」といった主観で評価や判断をしてはいけません。

「お客様の立場に立つ」ことと「事実を冷静に見極める」ことは、相反することかもしれません。この２つのバランスをどのように取っていくのかが重要です。お客様の立場に立つということは、肩入れをし、その言葉を鵜呑みにすることではありません。冷静かつ客観的に企業評価を行うという前提で、できる限りの支援をするという姿勢のことです。

イギリスの経済学者マーシャルが遺した言葉に「Cool Head but Warm Heart」があります。文字どおり「冷静な頭脳をもちながらも温かい心を併せもつ」という意味です。審査担当者の立場に置き換えれば、冷静な頭脳をもちながらも、温かい親身な気持ちでお客様に接し、審査に臨むということではないでしょうか。

キーセンテンス

1　お客様に信頼される審査担当者になる。

・お客様の立場に立つ

・お客様が話しやすい環境をつくる

2　冷静に企業実態を見極める能力を身につける。

・常識を働かせる

・疑問点の裏付けを取る

★お客様の立場に立つ≠お客様のいうことを鵜呑みにする。

3　審査担当者は、「Cool Head but Warm Heart」の気持ちを忘れず、冷静に企業実態を見る目を養いながら、お客様の立場に立って考え行動することが必要（両方のバランスを上手に取る）。

毎日の行動計画を立てる

　「今日、何を、どこまでやるか」という毎日の計画を立てて仕事に当たる習慣をつけてください。このとき、自分の能力に見合った計画を立てることがポイントです。計画を綿密に立てても、能力を上回る計画だと絵に描いた餅に終わりかねません。

　能力に見合った計画と考えた場合でも、想定以上に時間がかかったときには、その理由を分析し、改善を検討します。具体的には、一つひとつの作業工程を見直し、どこに時間がかかりすぎたのか、原因はどこにあるのか、どうすれば短縮できるかなど、改革意識をもって考えるのです。

　自己改革しなければ成長はありません。日頃から課題解決に向けた工夫をする習慣をつけることによって、成長の道は開かれます。どうしたら時間を作り出せるかを意識していれば、自然と時間を大切にするようになり、無駄な時間を少なくするための工夫をするようになります。

　このとき、甘えは禁物です。大切なことは「自分で決めたことは必ず行う」「今日やるべきことは先延ばしにしない」ことです。つらいこともあるかもしれませんが、「自分を甘やかさず、自分に厳しくする」ことが自分のためだと信じて実践してください。

I-2 インタビューの準備

① 準備の流れ

　お客様から融資の相談を受け、審査を始めるには、最初に何をすればよいのでしょうか。具体的に見ていきましょう。

　まず、お客様が提出した決算書や申告書等の書類に一とおり目を通します。決算書の数字や勘定科目の明細を点検すれば、さまざまな疑問がわき、お客様に確認したいことが出てくるはずです。次に、それらの項目を書き出し、インタビューの質問内容を組み立てていきます。そこまで終わると「これだけできればひと安心、あとは聞くだけ」という気持ちになるかもしれません。果たしてこれだけでよいでしょうか。

　インタビューの準備のやり方次第で、審査の質や効率が大きく変わります。「インタビューの準備は大切だ」とよくいわれます。「そんなことはいわれなくてもわかっている」と思う人が多いかもしれませんが、それほど準備は大切であり、審査の質を左右するほどの効果があるのです。

　準備とは、以下の一連の作業を行うことです。

① インタビューの前にできる限り多くの情報を集める（確定申告書、決算書、試算表、不動産等の登記事項証明書、ネットやSNSの情報など）。

② 集めた情報を丹念に読み込む。

③ 疑問点を洗い出して整理する。

④ 「仮の結論（仮説）」を立てる。

⑤ 把握できた情報は、できる限り事前に稟議書に記載する。

② 準備の目的

　インタビューの準備の目的は、下記の3点です。

(1) 効率性を高める

　インタビューの前に、できる限り資料や情報（決算書だけではなく、イン

10

ターネットやSNSなどの情報）を集め、それを丹念に読み込み、疑問点や問題点を整理します。営業時間や従業員数など、単純な疑問点は、決算書や資料を分析する過程で、かなり解決できるはずです。当初の疑問点が10項目あったならば、それらを5項目に減らし、さらに2〜3項目にと、絞り込めます。

それでも解決できない疑問点については、お客様への質問事項としてメモを作成します。メモを作成するという作業は、疑問点を脳裏に焼きつけるだけでなく、インタビューをスムーズに進める効果や、新たな疑問点に気づき、さらに深い質問ができるなどの副次的な効果をもたらします。事前に準備をしっかりとすることで、インタビューが効率的になり、そのぶん質も高まっていくことが実感できるはずです。

オンライン面談のインタビューでは、安定した画像の確保の方法をはじめとして、画像の質や音声の質の良し悪し、さらに画面を通して行うことによる画像や音声のタイムラグなどの違和感等、さまざまな問題があります。対面よりもコミュニケーションが難しいので、その観点からも、事前の準備はとても重要になります。

(2) 仮説を立てる

審査のインストラクターは「インタビュー前に審査を終わらせるぐらいの気持ちで丹念に準備してほしい」と指導しますが、新人としては「そうはいっても資料や情報は限られているので難しい」というのが本音だと思います。もちろん、事前にすべての情報を集められるわけではありません。大切なことは「準備の段階から、融資判断を始める姿勢」です。手元の資料や情報が少ないことを言い訳にして準備をおろそかにしてほしくはありません。

たとえば、銀行から多額の借入れがあるケースでは、利益と返済額のバランスが気になります。この場合、「決算書の勘定科目明細の借入欄に毎月の返済額が記載されていないから」とあきらめずに、自分なりに推定して、おおよその収支見通しを立ててみてください。

借入残高がわかっていても、資金使途や返済期間、毎月の返済額がわからない場合には、勘定科目明細にある「減価償却台帳」で高額の固定資産の増

加がないかを確認します。大きく増加している固定資産がなければ、借入金の使途は運転資金が中心だと考えられます。返済期間がわからない場合は、長期の運転資金で5年返済だと仮定してみます。残高が9,000万円だとすると、5年返済は60回払いになるので、月の返済元金は150万円と推測できます。

これを毎月の利益と比較すれば、だいたいの月間収支がわかります。もちろん、実際の返済期間が5年よりも短ければ、毎月の返済額はそのぶん大きくなり、収支も悪くなります。推計の結果、収支が大幅にマイナスになるようであれば、インタビューの時に経営者にこの点について話を聞くことが必要です。さらに正確な収支額を知る必要がある場合は、事前に他行の借入明細書の提出をお願いしてください。

準備の段階で仮の結論（仮説）を出すには、情報は多ければ多いほどよいので、どのような情報が必要なのか、その情報をどのように集めればよいのかを考える習慣が身につきます。そうなれば、「お客様に聞かなければわからない」とあきらめてしまう審査担当者からは、一段階成長できるはずです。

情報を集めたら、次はそれらの情報をベースに、自分なりに融資の「仮の結論（仮説）」を出してみてください。たとえば、連続欠損で返済財源が見当たらない企業の場合、事前準備の段階で「今後の利益改善が見込めなければ、融資は難しい」あるいは「収支のマイナス幅は小さい。現状でも月10万円の返済を期日どおりにしているので、前向きに検討できる」など、自分なりに仮説を立てることです。融資はできそうか、できるとすればその理由は何か。逆に、融資が難しいと思われる場合には、どのような追加情報があれば融資できるのか、融資の方向性が見えてくるはずです。

ここで注意すべきは、審査を進めていくうちに仮説が崩れることもあるという点です。自分が立てた仮説に固執して、仮説に合わせて情報を取捨選択するようなことは絶対にあってはいけません。仮説は、事前に入手した情報をもとに立てたものであって、審査を進めるうちに情報が増え、方向性が変わることも十分あり得ます。審査担当者は、頭を柔らかくして判断すること

が必要です。

⑶　迅速な審査の推進

　相談から融資までの時間は短ければ短いほど、少しでも早く資金を必要とするお客様にとってはメリットが大きくなります。審査担当者にとっても、「まだ結論は出ないのか」「早くしてほしい」といった苦情やトラブルを避けることができ、お客様から感謝されることにつながります。一日でも早く稟議書を提出する意識をもち、そのための工夫と努力をすることが大切です。

　審査期間を短縮するには準備段階で稟議書の完成度を高めることが重要です。初めてのお客様であっても、決算書や確定申告書といった提出資料、企業のウェブサイトなどを活用すれば、稟議書の多くの項目を入力しておくことは可能です。

　お客様に聞かないとわからない項目については、多少の仮説を交えて仮入力しておき、インタビューの時に確認し、間違いがあれば、修正するようにします。空欄にしておいて、一から入力する場合に比べれば、入力時間は少なくて済みます。

　「不確かなことを入力することはよくない」「二度手間になる」という考えもありますが、経験が積み重なるにつれて、事前に想像していた内容と実際に聞き出した内容との間のズレが小さくなっていくはずです。

　理想は、稟議書の入力項目がほぼ埋まっていて、お客様から新しく得た情報をその場で加える程度で、稟議書の80～90％が完成できるレベルです。それだけの内容を入力できれば、おおよその融資判断の方向性も見えているはずです。判断の方針さえ決まれば、短時間で稟議書をまとめあげて起案することが可能です。

　インタビューの終了時点で稟議書のほとんどの項目が入力されていれば「あとはまとめるだけで提出できる」と早期に提出する意欲が高まります。一方、入力できていない部分が多ければ「この融資案件は提出するまでには、まだまだ時間がかかる」と考え、稟議書の作成をいったん中断し、別の提出できそうな案件の稟議書の作成を優先しがちです。そうすると、さらに提出が遅れるということになりかねません。

さらに、数日たって中断していた稟議書の作成を再開しようとすると、記憶があいまいになっていて、メモしていた内容も理解できなくなります。また、入力していくうちに新たな疑問がわき、いまさらながらにお客様に再確認する必要が出てきます。再確認は気後れするので、いっそう時間がかかるだけでなく、顧客に迷惑をかけ、信頼関係を損なう懸念も生じます。

　このように、準備の重要性に対する認識の差が、稟議書を提出するスピードの違いとして表れてきます。準備段階の完成度の差は、スピードだけではなく、稟議書の質を高めることにつながるのはいうまでもありません。

キーセンテンス

1　準備の流れ

①　インタビューの前にできる限りの情報を集める（確定申告書、決算書、試算表、不動産等の登記事項証明書、ネットやSNSなどの情報、ほか）。

②　集めた情報（資料）を丹念に読み込む。

③　疑問点を整理し、企業の抱える問題点を洗い出す。

④　仮説を立てる。

⑤　集めた情報をもとに、稟議書にできる限り多くの項目を入力する。

2　準備の目的と内容

①　効率性を高める。

　準備を丹念に行えば、インタビューの効率性が高まり、疑問点の解消に時間をかけられるので、審査の質を高めることができる。

②　仮説を立てる。

・準備は形式的にするのではなく、「事前に審査を行うつもり」です。

・仮説を立てることにより、企業の問題点が明確になる。

③　迅速な審査を推進する。

準備段階での稟議書の完成度が高いと、インタビュー後に稟議書を提出する意欲が高まり、迅速な審査につながるとともに質も向上する。

I-3 提出書類の分析

　準備の重要性については、前節でお話ししました。では、具体的にどのような準備をすればよいのでしょうか。

　まず、資料を丹念に読み、事業内容や決算書の数字などで疑問点があれば、インタビュー時にお客様に聞くポイントとして、メモを作成します。

　お客様から提出してもらう主な資料としては、融資の申込書（申請書）、本人（経営者）確認のための運転免許証、マイナンバーカードなどの写真付き身分証明書があることを前提に、確定申告書、決算書、試算表、法人の登記事項証明書、不動産等の登記事項証明書などがあります。

　主な確認資料や確認項目、確認のポイントなどを以下に示します。

① 定性面の確認

確認資料	ポイント
運転免許証、法人の登記事項証明書など	経営者本人かどうか
融資の申込書や経歴書など	経営者のプロフィールと事業内容との関係
融資の申込書、経営者の確定申告書、経歴書など	経営者家族の状況
地図、不動産の登記事項証明書、電話番号検索など	事業所の所在
許認可証、資格証など	許認可、必要資格などの有無
企業のウェブサイト、評価サイト、SNS、ブログ、会社案内、広告など	事業概要、第三者の評価や評判

❷ 定量面の確認

(1) 法人企業

ア 確定申告書（別表等含む）

確認資料	ポイント
普通法人等の確定申告書	所得金額がプラスかマイナスか
欠損金の損金算入に関する明細書	所得金額が「0」のとき、過去の欠損金額との相殺かどうか
同族会社の判定に関する明細書	株主と代表者が一致しているか（第三者が掲載されている場合は関係を確認）
租税公課の納付状況等に関する明細書	納税の遅延等はないか（納税の遅れが推測できる場合は、税金の領収書を確認）
法人事業概況説明書	月別の売上高の推移、平均月商はいくらか

イ 決算書（損益計算書・貸借対照表）

確認項目	ポイント
【損益計算書】	
経常利益、営業利益	プラスかマイナスか。業界平均、前期との比較
原価率	業種平均と比べ大きな差異はないか
支払利息	借入金額に比して高額ではないか
固定資産台帳	経費のなかに減価償却費が含まれているか
役員等報酬（科目明細欄）	役員報酬が適正に取られているか
【貸借対照表】	
自己資本	プラスかどうか
現金・預金額	現金の記載がない場合には、現金・預金額から、勘定明細の預金額を差し引いて現金を把握
	現金が預金残高よりも多い場合は注意
売掛金、買掛金	月商の3か月以上あれば注意
	勘定明細の取引先や金額の動きを前期と比較

銀行等の借入金残高	月商の6か月以上あれば、借入明細書から返済元金を確認し、収支を検討
棚卸資産	月商の6か月以上あれば、不良在庫や架空計上の可能性を検討
未払金等の雑勘定	不自然な勘定科目はないか、金額が突出しているものはないか
	支払の遅延や事業とは無関係の社外流出がないか
代表者借入れ、代表者貸付金	実質的な資産か債務か

(2) 個人企業

ア 確定申告書

確認項目	ポイント
所得額	プラスかマイナスか
	所得が「0」であれば、過去の欠損金額との相殺か
収入金額等、所得の内訳の欄	複数の営業収入がないか、別途収入はあるか
配偶者・扶養控除の欄	家族構成を把握

イ 損益計算書

確認項目	ポイント
利益	申告控除前の利益はいくらか
専従者給与	経営者家族の給与はいくらか
減価償却費	経費のなかに減価償却費が含まれているか（「減価償却費の計算書」）
原価	原価率は業種平均と比べ大きな差異はないか
月別売上げ	月別売上げの推移、平均月商はいくらか
支払利息割引料	支払利息が高額ではないか

ウ　貸借対照表（作成されている場合）

法人企業とほぼ同じなので、前述を参考にしてください。

なお、法人の代表者への貸付金に相当するものが「事業主貸」、代表者からの借入金に相当するものが「事業主借」、法人の資本金に該当するものが「元入金」になります。

キーセンテンス

1　事業内容や決算書の数字などで疑問点があれば、インタビュー時にお客様に聞くポイントとして、メモしておく。

2　ポイントを決め、決算書を丹念に読み込むことで、いろいろな問題点が見えてくる。

I-4　インタビュー①──コミュニケーション

❶　インタビューの心構え

　準備が整えば、次は、お客様へのインタビューです。経営者の人となり、経営に対する考え方などを聞くとともに、準備段階で疑問に感じたことや、インタビュー時に聞いてみたいと思ったことを確認します。特に、「企業を取り巻く環境に対する見方や見通し」「経営課題への対応策」などについて、本音で話をしてもらうことが、適正な審査判断につながります。

　とはいえ、はじめから審査担当者に本音で話をする経営者はほとんどいません。金融機関の支店や営業所などで行うインタビューは、お客様にとっては自分の事務所や店といった「ホーム」ではなく「アウェー」であるため、緊張感が高まります。リラックスしてもらい、本音で話せるように心理的な安全性が確保できる環境づくりを心がけてください。オンライン面談の場合には、お客様にとってはホーム感があり比較的リラックスしてもらえるかもしれませんが、画面を通しての対話であり、別の緊張感もあるかもしれませんので、気遣いが必要です。

　インタビューの順序としては、初めは、お客様自身のことや日頃の事業内容など、気軽に話ができる定性面を中心に聞くことです。担当者にとっては、経営者の人物像を観察するチャンスです。できるだけお客様に積極的に話をしてもらい、時には雑談も交えながら本音を聞き出せる話しやすい雰囲気をつくっていきます。

　１時間のインタビューであれば、前半の30分は定性面を中心に、お客様が主体となって話してもらい、後半の30分で、担当者が定量面の数字の疑問点、経営課題への対応策などを聞くようにします。融資判断を左右する問題点や融資条件などについては、コミュニケーションが図れてきた後半に集中させることがコツです。

　Microsoft TeamsやZoom、Google Meetなどを使ったオンライン面談は、

場の空気や雰囲気が伝わりにくく、コミュニケーションが取りづらいので、実際の面談の場合よりも、できる限り丁寧に意識してゆっくりと話す必要があります。時間も想像以上にかかると思います。オンライン面談を行うときは、事前準備を入念に行うとともに、電話でフォローできることは後回しにするなど、質問の優先順位を明確にしておくことが大切です。

② インタビューの留意点

(1) 審査担当者から心を開く

心を開くとは、審査担当者がお客様に関心をもち、積極的に話しかけることです。お客様は、「どんな担当者だろうか」「話しやすい人だといいのに」「怖そうな人だといやだな」などと思っているものです。だからこそ、審査担当者の側からお客様に心を開くことが必要です。「冷たそうな人だ」「話しにくい」「何を考えているかわからない」といった気持ちをお客様に抱かせてはいけません。

心理的な不安を払拭するためにも、初対面の挨拶時には、形式的ではなく、しっかりとお客様の目を見て笑顔ではっきりとした声で挨拶することが大切です。オンライン面談のときも同じです。画面を通して相手の目を見ながら話すように気をつけてください。手元の資料ばかりを見ていて、相手の顔を見ずに話をしていては、お客様は不安になります。

審査の本題に入る前に、天気の話や最近のトピックスなど、審査とは関係のない話、いわゆるアイスブレイクを取り入れましょう。お客様にリラックスしてもらい、お客様の自然な笑顔が見られるようになれば、その後の会話をスムーズに進めることができます。

本題に入ったあとも、「聞きたいことだけ聞く」「時間どおりインタビューを終わらせたい」などと考えると、事務的な対話に終始してしまいがちです。お客様は敏感です。「機械的に質問しているだけで熱意がない」「融資を断ろうとしているのではないか」などと不安を感じさせてしまいます。

インタビューの時間は、仕事とはいえ、未知の方々と出会える「一期一会」の場でもあります。縁があって、お話をする機会を得た方であり、その

方から何か吸収できるものがあれば、審査担当者にとっても成長できる貴重な機会でもあります。融資の話ばかりではなく、経営者の方の人生観や経験など、好奇心をもっていろいろな話を聞いてください。そのことが自分の「知識の引き出し」を増やし、他のお客様との会話に活用できれば、インタビューの深みが増し、充実した会話ができるようになるはずです。

(2) 心理的な距離を縮める

お客様と審査担当者の間には、心理的な距離が存在します。その距離を縮められれば、本音を引き出すことができるようになります。それには、審査担当者に、安心感や信頼感をもってもらうことが必要です。お客様は、「話すことが苦手で、どのように話したらよいのかわからない」「緊張して思うことが伝えられない」など、さまざまな心理的なプレッシャーを感じています。

まず、審査担当者から話のきっかけをつくり、お客様の話に相槌を打ち、時折質問をはさみながら「いまおっしゃられたことは、こういうことですね」など、聞いた内容を確認しながら、共感をもって聞き上手になることが肝要です。そうすれば、お客様は「この審査担当者は自分を理解しようとしてくれている」という安心感をもつことができ、心理的な距離が縮まります。

さらに、お客様がプレッシャーから解放され、「この人になら何でも話せる」という安心感が醸成できれば、本音を引き出すことができるはずです。企業の実情や個人資産などのプライベートな部分について包み隠さず話してもらえるようになれば、実態を正確に把握でき、適正な審査につながります。

お客様が何でも話せる雰囲気ができれば、仮に融資が困難になった場合でも、「自分のことを十分に理解してくれたうえでの結論だ」として受け入れてもらえ、感謝されることさえあります。ところが、距離を縮めることができなければ「審査担当者は自分のいうことを理解しようとしない」「担当者を代えてほしい」といった苦情にもつながりかねないので注意してください。

会話する際には、常に相手の目や表情を確認しながら話す習慣を身につけ

てください。うなずきの動作があれば安心ですが、無表情であれば、自分の
いったことを正しく理解しているのかどうかを確認し、意図が伝わっていな
いと感じたときは、表現や話し方を変えて丁寧な会話を試みてください。表
情が直接見えないオンライン面談の場合は、これらのことを、より意識して
会話を進めてください。

(3) 真実を見抜く

　人は誰でも都合の悪いことはいいたくないものです。すべてを正直に話さ
れるお客様がほとんどですが、無意識のうちに事実と異なる発言をしてしま
う方もいます。お客様の発言を簡単に信用するようでは、審査担当者として
は一人前とはいえません。「目は口ほどにものをいう」といわれています。
特に融資判断のポイントになる質問については、意識して相手の目を見て話
をすることが大切です。

　心理学には「アイ・アクセシング・キュー」という手法があります。瞳の
動きにより、嘘をついているかどうかを見抜く方法です。通常、瞳が右斜め
上を向いている状態は、嘘をついているといわれています。目が泳いでい
る、常に下を見て話すなど、嘘のサインはさまざまなかたちで現れます。イ
ンタビューの場で、目の動きを仔細に観察することは難しいですが、相手の
目を見て話をしていれば、その人の心理状態をなんとなく感じ取ることがで
きます。

　真剣に話をしよう、気持ちを伝えようとするときは、相手の目をじっと見
つめて話をするものです。相手の目を見ることができないのは、自信がない
ときや、自分に都合の悪いことを聞かれたくないときがほとんどです。審査
担当者は、常にお客様の目を見て話をする習慣を身につけてください。特
に、核心に触れる質問をするときに、下を向いたまま、書きながら、話を聞
くことは避けるべきです。

　オンライン面談では、微妙な表情が読み取りにくいかもしれません。それ
だけに、画像越しでも、しっかり相手の顔を見て、細かな表情や目の動きを
注視する習慣を身につけてください。

　都合の悪い話題になると、急に早口になったり、無口になったり、しどろ

もどろな言い方になる、また貧乏ゆすりをする、指でコツコツとテーブルを
たたくなど、話し方や挙動についても違和感がないか注目してください。

キーセンテンス

★お客様とのコミュニケーションを積極的に図ることで、心理的安全
性を高め、本音で話せる環境をつくる。

1　お客様がリラックスし、話しやすい雰囲気をつくる。

2　審査担当者から積極的に話しかけ、自らを理解してもらうことが
大切。

　→会話の冒頭のアイスブレイクは意識して行う。

3　お客様との心理的な距離を縮め、信頼関係を醸成する。

　→お客様の信頼を得られるような聞き方を心がけ、本音を引き出
す。

4　常に目を見ながら話す意識をもつ。

　→嘘や自信のない発言を見抜くことができる。

Ⅰ-5 インタビュー② ──質問の方法

　企業実態を的確に把握するためには、ポイントを絞って効率的に質問をし、必要な情報を引き出すことが大切です。時間は限られていますので、質問の方法には工夫が必要です。

　質問には2種類あります。ひとつは、稟議書を完成させるために必要な「基礎的」な質問です。もうひとつは、融資判断を左右する「核心に触れる」質問です。基礎的な質問の大半は、企業の基本情報です。例えば、営業日、営業時間、取扱商品、販売方法、取引先の内容、取引条件等、企業の実態を知るうえで聞いておかなければならない項目です。これらは公開情報がほとんどなので、事前にインターネットなどで調べておけば効率的に審査が進められます。

　審査に必要な情報はさまざまありますが、事前に取得できなかった情報に絞って、インタビューします。特に、オンライン面談は時間がかかりますので、基礎的な項目は事前に電話やメール等で聞いておいた方がよいでしょう。また、オンライン面談で確認できない資料等があれば、事前に依頼しておくことを検討してください。

　核心に触れる質問とは、経営に関する考え方や今後の見通しなど、経営者の頭のなかにある思考を聞き出すための質問です。核心に触れる質問について、どれだけ経営者の本音を引き出せるかが腕の見せどころです。以下で、そのポイントを説明します。

① 具体的に質問する

　「具体的な質問には具体的な答えが返ってくるが、漠然とした質問には漠然とした答えしか返ってこない」といわれています。

【事例】事業者J

> 担当者 「決算書を拝見すると大幅な欠損が出ていますが、今後どのよ

うな対策をお考えですか？」

お客様　「売上げを増やしたいと思います」

担当者　「どうしたら売上げを増やすことができるとお考えですか？」

お客様　「新規顧客を開拓します…」

担当者　「どのようにして新規顧客を開拓されるのですか？」

お客様　「これから積極的に営業活動を行います…」

　質問が漠然としているため、経営者の頭のなかにある必要な情報を引き出せていません。審査担当者の漠然とした質問に合わせるように、お客様も漠然とした回答をしています。

　常識的に考えれば、新規顧客の開拓といっても、既存の取引先をもっている企業が、見知らぬ先からアプローチをされても見向きもしないはずです。「仕入金額がいまよりも20％安くなる」「入手困難な商品が手に入る」「アフターサービスがいまよりもきめ細かい」など、アプローチされる企業にとってメリットがあるかどうかがポイントになります。ベテランの審査担当者であれば、「どのようにして新規顧客を開拓するのですか」ではなく、「ターゲットはどのような企業ですか」「どのような商品をいくらで提示するのですか」「相手の企業にとってのメリットは何ですか」「利益の見込みはどれくらいですか」など、より具体的な質問をするはずです。

　質問内容が具体的であれば、具体的な回答が返ってきます。もっとも、経営者自身が対策を考えていなければ具体的な回答は返ってきません。赤字を出しながら、欠損原因に対する認識が甘く、解決策を考えていなければ、改善の見込みはありません。具体的な質問は、経営者の思考レベルを測る方法です。

　余談ですが、新規の顧客を開拓するには、アプローチの段階で、相手先企業の決定権をもつ人物と話をすることが必要です。飛び込み営業の場合は、社員に警戒され簡単には取り次いでもらえません。繰り返し足を運んでも、話すら聞いてくれないでしょう。「どのようにしてキーパーソンに取り次いでもらうのですか。具体的な方法をお話しいただけますか」「門前払いされ

た場合は、それであきらめるのですか」など具体的な質問を重ねていき、その返答を聞くことで、経営者の思考や人柄、忍耐力など、提出された資料だけではわからない一面が見えてくるものです。

❷ 質問に対する自分なりの回答を用意しておく

自分が行おうとする質問に対して、「自分ならば、こう答える」という回答をあらかじめ用意しておくことにより、質問の趣旨を明確にすることができます。仮に、質問内容が漠然としている、もしくは的外れな質問であれば、それに対する具体的な自分なりの回答を用意することはできないからです。

目的のない質問、審査に関係しない質問を続けても、融資判断に必要な回答は期待できません。時間を無駄にするだけではなく、お客様に不信感を抱かせることにもなります。

お客様は質問の趣旨を常に意識しており、「どのように答えれば審査担当者に共感してもらえるのだろうか」と考えています。それだけに、審査担当者としては、「会話をつなぐための軽い質問」のつもりでも、お客様はそのように感じない場合も少なくありません。趣旨がわからない質問が続けば、「この質問の意図は何だろう」「どのような趣旨で聞いているのだろう」などと、かえってお客様を不安にさせてしまいます。

質問に対する自分なりの回答を準備していれば、趣旨を聞かれても説明できます。自分が用意した回答とお客様の回答に食い違いがあれば、その点を踏み込んで聞くことにより、企業が抱える問題点を解明することにつながります。趣旨を聞かれて答えられない質問は「質問すべき項目ではない」ということです。

❸ 回答を誘導するような発言はしない

質問に対する自分なりの回答を用意しておくことは大切ですが、そのことが、無意識のうちに回答を誘導する（助け舟を出す）ことにつながることがあるので注意してください。

人は、考えてもいなかったこと、自分に都合の悪いことを聞かれたときには、即答できないものです。「何も考えていなかった。どう答えよう」「この場を繕えるよい言い方はないか」など、答えに困ったときに沈黙が生じます。しかしながら、お客様の本音を聞き出したいときには沈黙を守ることが必要です。

　新人の審査担当者は沈黙に耐え切れず、助け舟を出しがちですが、ここはじっと我慢しましょう。たとえば、先ほどの質問の続きとして、

　担当者　「新規開拓のための積極的な営業活動…といってもいろいろな方法があると思います。具体的に、どのような方法をお考えですか？」

　お客様　「………」

　担当者　（沈黙に耐え切れず）「お客様にDMを出したり、新聞広告やチラシを配ったりしているのでしょうか？」

　お客様　（わが意を得た…という表情で）「そうそう、それは、第1にしなければならないことですね。そのとおりですよ」

　お客様が具体的な対策を考えていなかった場合には、「審査担当者がそういうのならば、それに乗らない手はない」と思うはずです。欠損を解消する具体的な対策の実現可能性は、融資判断を左右する重要な質問です。にもかかわらず、誘導して得た回答を根拠に判断を下すのは、本末転倒です。

　沈黙すべきところは沈黙して、お客様の本音を引き出せるまで我慢することを忘れないでください。ただ、質問の趣旨が理解できずに沈黙している場合もあります。沈黙が続くときは「質問の趣旨はご理解いただいていますでしょうか」と問いかけ、お客様の表情を観察しながら表現や話し方を変えて再度質問するなど、臨機応変に対応してみてください。

　核心に触れる質問は決して誘導してはいけませんが、基礎的な質問については、この限りではありません。「定休日は決まっていますか。不定休ですか」「定休日は日曜日ですか」など、お客様が答えやすいように話をするこ

とは、円滑に審査を進めるためにも必要なことです。

> ## キーセンテンス

> ★質問には「基礎的な質問」と「核心に触れる質問」の2種類があ
> り、その違いを意識して、言い方等を考えることが大切。
>
> 1　具体的に質問する。
> →具体的な質問には具体的な答えが返ってくるが、あいまいな質問
>   にはあいまいな答えしか返ってこない。
>
> 2　質問の趣旨を明確にし、その質問に対する自分なりの回答を用意
> しておく。
> →無駄な質問や意味のない質問は、信頼関係を壊すことになりかね
>   ない。
> →自分の用意した回答と異なる場合は、さらに掘り下げた質問がで
>   きる。
>
> 3　核心に触れる質問では、回答を誘導するような発言はしない。
> →助け舟を出すことになりかねず、判断をミスリードする懸念があ
>   る。

I-6 実地調査

　実地調査には2種類あります。ひとつは、融資判断の材料として店舗や工場などを訪問し、「企業実在・実態」を知るための実地調査です。もうひとつは、不動産に担保を設定する場合などに備えて現地を訪問し、「不動産の実態」を知るための実地調査です。

❶ 企業実在・実態を知るための実地調査

　「現場百回」といわれるほど実地調査は重要です。これは、すべての業種に共通することですが、特に、小売業や飲食店、サービス業などの立地が集客のポイントになる業種では、とても重要な調査です。隠れ家レストランのように、立地に関係なく集客しているお店は例外としても、不特定多数のお客様が主体のお店は、立地が集客を左右する重要な要素になります。

　立地の評価は、実際にその場に立って、人の流れはどうか、お客様が入りやすいかといった場所の評価はもちろん、店舗の雰囲気や従業員の接客態度、来店客の様子などを確認します。

　この実地調査には主に3つの目的があります。

(1) 企業実在の確認

　申込書や提出書類などに記載された場所で、実際に営業しているかどうかを確認します。ほとんどの企業は問題ありませんが、まれに架空の企業が所在地を偽装する場合もあります。実在の有無をしっかりと確認してください。

　具体的には、看板や表札などから所定の場所で営業をしていることを確かめます。店舗や事務所は企業の存在をアピールする場所です。それにもかかわらず、看板や表札がない、あっても簡易なもので直ぐに取り外しができるようなものであれば、注意が必要です。事務所の偽装を請け負う業者もいますので、実在が疑わしい企業については、アポイントなしに訪問するなどの工夫も必要です。

金融機関から不正に融資を引き出そうと、架空の会社を立ち上げ、巧妙な手口を使う場合があります。以下のような兆候があれば注意してください。

ア　事務所

・雑居ビルまたはマンションの一室に事務所を構えている（短期間で移転可能な物件）。

・看板がなく、表札も簡素（取り外しやすいもの）。

・事務所のなかは机と電話、応接セット程度で簡素（ドラマのセットの印象を受ける）。

・従業員の活気がない。電話が鳴ることもない。

イ　決算書類等の書類

・取引先は法人ばかりで、有名企業が多い。

・決算書は黒字で、文句のつけようがない内容。決算書はスムーズに提出されるが、帳簿類や領収書、請求書といった原始資料の提供は渋りがちで、時間もかかる。

ウ　インタビュー時の特徴

・代表者ではなく経理担当者などの代理の者が来ることが多い（代表者であっても、事業内容を聞いても明確な返答がない。実際に経営に携わっているのか疑わしい人物もいる）。会社や代表者の略歴等についても表面的な受け答えに終始し、特徴がない。一方で、事業内容については能弁に語る。

(2)　企業実態の確認

　事前準備やインタビューで得た情報から、企業実態をある程度イメージできます。ただ、実際にどのような場所で、どのような商売をしているのか、周辺の環境や人の流れはどうなっているのかなど、実際に訪問してみないとわからないこともたくさんあります。

　実地調査では、立地条件、事務所の雰囲気、従業員の働きぶり、顧客の入り具合、商品の状態、設備の稼働状況などを確認します。「百聞は一見に如かず」の言葉のとおり、自分の目で確かめることにより、企業のイメージが明確になります。実際に行ってみると、当初のイメージが良い方にも悪い方にも180度変わってしまうことがあります。

決算書の内容は芳しくなくても、事務所の活気や整理整頓状況、従業員の電話応対の様子、来店客数などを見て、融資を前向きに考えたくなる企業もあります。たとえば、建設業では、事務所の壁にかけられている「モノ」に注目してください。「スケジュールボード（工事予定表）」に現場や作業工程などの書き込みがたくさんあれば受注は順調であると推測できます。親会社からの「感謝状」や税務署からの「優良申告法人表彰状」がかけてあれば長年の実績がある優良企業だと考えられます。オンライン面談の場合であれば、店舗や事務所の様子を映してもらうことで、居ながらにして、営業状況を把握することも可能かもしれません。

　目で実際に確認することは、自分自身の「知識の引き出し」を増やすことにもなります。店舗や工場、倉庫などをじっくり観察することで、気がつかなかった企業の実態が見えてくることも多いはずです。製造業であれば、機械の稼働状況はどうか、どの機械を使って、どのような製品を作っているのか、できあがった製品の保管状況はどうか、工場内は整理整頓されているのかなど、チェックすべきポイントは数多くあります。よく観察して融資判断の情報のひとつにしてください。

　実地調査でもうひとつ大切なことは、「経営者の普段の姿を見られる」ということです。金融機関の支店で会う経営者は緊張しています。表情は硬く、言葉少なで十分に話もできない経営者もいます。「アウェー」状態にあるからです。反対に、店舗や工場は「ホーム」ですから、心理的なプレッシャーがなく、生き生きとした表情で話をし、別人のような印象を受けることもあります。頼りなさそうな第一印象であった経営者が、訪問時にはテキパキと指示を出し、従業員から頼られる社長に変身している姿を見ることができるかもしれません。アウェーなのか、ホームなのかで印象が大きく変わるものです。経営者の本質を見抜く観点からも実地調査は欠かせません。取引の長いお客様で、実地調査に行く必要性が低い場合もあります。それでも、時間の許す限り、自分の目で実態を見ることをお勧めします。

【事例1】 歯科技工士S——実地調査により、評価が下がった事例

　　歯科技工士として10年ほど事業を行っている60歳代の個人企業です。取引先の歯科医院が1～2件という小さな事業所で、確定申告所得は数十万円と少ない半面、従業員のいない本人だけの営業で、経営の自由度がありました。融資の希望額が小さかったこともあり、インタビュー直後は、前向きに検討しようと考えていました。

　　ところが、実地調査に行ったところ、自宅兼用の古い家屋で、看板や表札などもなく、寂れた印象でした。自宅の1室を事務所兼作業所として使用し、中に入ると、義歯に使う材料もわずかで、作業机はホコリをかぶり、整理整頓とは無縁な状況でした。自宅部分も雑然として、生活振りもよいとはいえず、実際に営業しているのか、不安な気持ちになりました。

　　率直に話を聞いたところ、離婚をしての一人暮らしで、離婚後は仕事に対する意欲がなくなり、取引先も減って事業の継続が難しい状態でした。慰謝料の負担から生活に余裕がなくなり、資金使途は生活費の補填であることがわかりました。

▶コメント

　歯科技工士という比較的手堅い業種で、数字のうえでもなんとか前向きな結論が出せそうな財務内容でしたが、実際の作業場等の印象から再調査を行った結果、生活費の補填などの実際の資金の使いみちが明らかになりました。

【事例2】 釣り船と民宿の個人企業T——実地調査により、評価が上がった事例

　　長年、港町で民宿を経営しながら、海釣り用の船を出し、日銭を稼ぐ商売をしている個人企業からの相談でした。確定申告所得はゼロで、売上げは年々低下傾向にありました。預金の残高もほとんどなく、借入金の返済負担が大きいため、資金収支は大幅マイナスでした。経営者は真

面目な方でしたが、消費税の未納分を分納中で、前向きな話はなく、インタビューした直後は、「今回の融資は見送らざるを得ないな」という印象をもちつつ、現地を訪ねました。

漁港の一角にある、民宿も兼ねた古い釣り船店でした。経営者夫妻とそのご両親を含めた家族経営で、事務所では家族4人が顔を揃えて待っていました。4人とも真面目で純朴な印象で、特に高齢ながらしっかり者の母親からは、何があっても息子を応援するという気持ちが伝わってきました。

話を聞いていると、昔からの固定客だけでなく、最近は、釣り専門誌に広告を出した効果で新規のお客様が増加し、今後も定期的に広告を出せば、売上げも利益も増加が期待できることがわかりました。

経営者は、インタビュー時には緊張していて積極的に話ができなかったそうです。店ではリラックスできているせいか、雑誌広告の現物を見せながら積極的に話をし、説得力もありました。さらに、母親から、自宅とは別に母親名義の不動産があることを聞き、何かあった場合には、その不動産を処分してでも必ず返済するとの発言もありました。釣り船も見せていただき、集客できる立派なものであることも確認できました。

▶ コメント

支店でのインタビュー時には聞き出せなかった売上増加の見通しがあることや母親に資産があり、支援体制があることがわかりました。実際に自分の目で見ること、家族も含めて話を聞くことの重要性を実感した実地調査となりました。

(3) 追加調査

「追加で確認したい資料がある」「インタビューの時間が足りず、追加で聞きたいことがある」といった場合には、実地調査の時間を活用して補足調査をしてください。ただし、あまり時間を取りすぎないように注意します。追加で詳しく話を聞く必要があれば、通常の実地調査の時間に加えて20〜30分

程度の時間が必要かもしれません。とはいえ、お客様も仕事中で来客なども見込まれるわけですから、できるだけ早めに切り上げる気配りが求められます。追加調査はその場で見たり聞いたりしなければならないものに絞り込んでください。

② 不動産の実態を知るための実地調査

(1) 登記との相違があるかないか

　不動産を評価するうえで大切なことのひとつに実地確認があります。登記と実態とが相違するケースがあり、担保物件の評価額も変わる場合があるので、登記事項証明書で土地や建物の内容を確認するだけでは不十分です。実態との相違がないかどうかを慎重に確認することが必要です。

　建物については、外観から見て、大きさや構造などが登記と違っていないかを見ます。よくあるケースとして、「登記上は「平屋」なのに実際は「2階建て」になっている」「登記上は1棟なのに実際は2棟建っている（未登記物件の存在）」「2棟のはずが実際は1棟に合体されている（建築基準法に違反）」「自己所有の建物はなく、敷地の一部を貸して第三者が建物を建てている」などがあります。実地調査をすることにより、登記上ではわからない、さまざまな実態が見えてきます。

【事例3】 事業者G──未登記物件の発見

　不動産担保の対象物件を実地調査した時のことです。登記上は底地が60坪の1筆の土地に2筆（2棟）の建物があるという計3筆の物件でした。実地調査に行くと、遠目には大きな1軒家しか見当たりません。近づくと、玄関が2か所にあり構造がやや不自然な印象を受けました。

　本人に確認すると、当初は2世帯住宅として、2棟建てたそうです。行き来が不便になったので、数年前に増改築して2棟の建物をつないだが、登記はしていないとのことでした。

　建築基準法の変更登記の要件に合致しており、このままでは担保設定ができないことを伝えました。実際に現場を見ていなければ、わからな

い事実でした。

　土地については、形状と接面道路の状況を中心にチェックします。土地の形状は「整形地なのか」「変形地なのか」「斜面になっていて実際は整地が必要か」「崖下にある法面で有効面積と登記上の面積との間に乖離がないか」など確認します。土地と道路との接面状況については、「接面道路は舗装されているのか未舗装なのか」「公道か私道か（私道であれば本人の持ち分があるのか、地主の通行許可が必要なのか）」「土地との接面部分が幅員４ｍ以上の道路に２ｍ以上接しているか（微妙であれば、歩測等により道路幅を測定し確認したいところです）」「接面道路が狭い場合には「建築基準法42条２項道路」等公道の指定があるのか」などを見ます。仮にセットバックが条件になるのであれば、実際の面積からそのぶんを差し引いて評価しなければなりません。

　以上のように、実際に自分の目で見ないとわからない実態を確認することが実地調査の目的のひとつです。

(2)　処分性はどうか

　周辺環境も不動産を評価するうえで重要です。「最寄り駅から徒歩圏内か」「バスの本数は多いか」「閑静な住宅地か、商業地、準工業地か」「物件の周辺に処分上の障害になるものはないか（墓地、送電線の存在等）」「陽あたりは良いか悪いか」「騒音の原因となるような障害はないか」など、自分がその物件を買うとしたら、問題になる点はないかという視点で、物件の処分性を検討します。

　「大きな建物の陰にあって日中でも陽があたらない」「路地奥でトラックが入れず引っ越しもままならない」「老朽化しているにもかかわらず建物の建て替え自体が難しい」といった問題点があれば、付近の売買事例を参考にしながら、個々の状況を勘案し、機械的に評価することのないように心がけてください。的確な評価が必要な場合は、不動産鑑定士に鑑定を依頼することも必要です。

〔参考1〕不動産登記からわかること

　不動産登記に掲載された情報（抵当権、根抵当権の設定、差押え、仮差押え等）は、その会社の信用実態を見極めるうえで役立ちます。担保設定状況のほか、過去の担保設定・解約時期を追っていくことで企業の資金繰りの状態も推測可能です。

　過去に抵当権等の設定がなかった企業が、最近担保を設定している場合は、借入れの理由や最近の業績を調べる必要があります。設定している金融機関が債権保全に動き始めているケースも考えられるからです。また、いまは解除されていても、過去に税金の差押えなどの事跡が残っている企業は要注意です。差押えを受けるには、それ相応の理由があるわけですから、その時の状況や財政状態、経営者の資質も含めて考える必要があるかもしれません。

〔参考２〕土地、建物の面積を簡便に計測する方法

　土地の面積は、縦と横を歩測することで簡便に計測できます。

　歩幅は「身長－100cm」といわれています。身長が170cmであれば、歩幅は約70cmです。仮に、土地の縦が30歩、横が40歩、自分の歩幅が70cmとすれば、21ｍ×28ｍ、概算で20ｍ×30ｍと考えれば、およそ600㎡（約180坪）の面積だとわかります。

歩幅＝「身長－100cm」

身長が170cm→歩幅は約70cm

土地　縦30歩×横40歩

　　　→21ｍ×28ｍ≒20ｍ×30ｍ＝600㎡（約180坪）

　建物の面積も、見た目で、おおよそ測ることができます。具体的には、扉（襖、障子）が何枚分あるかで計測できます。日本家屋の場合、扉（襖、障子）は２枚で「１間（けん）（約1.8ｍ）」です。建物を見て、縦、横がざっと「何間」なのか目測します。仮に、縦が５間（９ｍ）、横が10間（18ｍ）だとすれば、おおよその面積は、「１間×１間＝１坪（畳２枚分）」なので、５間×10間＝50坪（165㎡）と簡単に計算できます。覚えておくと便利です。

扉２枚＝１間（けん）（約1.8ｍ）→１間×１間＝１坪（畳２枚分）

縦５間（９ｍ）×横10間（18ｍ）＝５間×10間＝50坪（165㎡）

実地調査時にはここを見て！

　初めて訪れる事務所や店舗は入りにくいものです。従業員の方々の目を意識すると少し緊張するかもしれません。深呼吸して、元気よく挨拶をして入りましょう。

　従業員の方が出迎えてくれると思いますが、その様子も観察します。すぐに応対に出てきてくれるのか、挨拶が返ってくるのか。他の従業員の対応や電話の受け応えなども見て、全体的にきびきびとした動きが見られれば、活気のある職場であることを肌で感じられるはずです。逆に、応対が悪い、覇気が感じられない、服装がだらしない、などの印象があれば、経営者の指導力、経営姿勢にも不安を感じます。事務所のなかも見渡してください。レイアウトが整然としているか、室内が整理整頓されているか。雑然とした感じがあれば、よい印象は受けないはずです。

　もうひとつ、着眼点があります。飾ってある表彰状、カレンダー、スケジュール表等に注目してください。表彰状が飾ってあれば、その種類、内容を確認します。たとえば、税務署からの「優良申告法人表彰」があれば、長期にわたり適正な税務申告と一定額以上の税金を支払っている証明であり、優良な企業である証になります。親会社や取引先からの「感謝状」があれば、主要な取引先がわかるだけでなく、下請企業としての実力を認められた証であり、継続的な取引が予想されます。企業名の入ったカレンダーがあれば、取引先や取引銀行がわかる場合もあります。また、仕事のスケジュールが記載されたホワイトボード等にも注目してください。取引先名は、期間は、現場はどこかなどさまざまな情報が得られます。毎日の予定がぎっしり埋まっていれば、稼働率が高く忙しい企業だとわかりますが、空白が多く、予定があまり入っていないようであれば心配です。

　工場の場合は、どのような機能をもった機械が何台あるか。旧型の機械であれば、すぐに買い替えが必要か、耐用年数はどのくらい見込めそうか。更新するには、どのくらいの金額が必要なのか。逆に、最新鋭の機械があれば、いつ導入したのか、購入資金はどのように調達したのか、借入負担はど

のくらいか。また、導入した目的は何か、今後の取引先からの継続受注は見込めるのかなどなど、経営者に聞きたいことが次から次へと出てくるはずです。さらに、機械の稼働状況はどうか、フルに活動しているのか、稼働していない場合には、その理由も知りたいところです。また、できあがった製品については、在庫の量、保管状態についても確認してください。

　小売店の場合は、立地条件や接面道路などから、顧客が入りやすい条件を備えているかを確認します。人の流れが多い通りに直接面しているか、外から中の様子が見える路面店か、人が入りにくい、空中店舗、地下店舗なのか。立て看板や案内板を設置するなど顧客の誘導に気を使っているのか、さらに、顧客が入りやすくするための工夫やレイアウト等魅力ある店づくりをしているか、いろいろな角度から見てください。飲食店については、忙しい時間帯である昼時や夜間などの客入りについても意識して実地調査することも必要です。

　現地で見るべきポイントはたくさんありますが、最も大切なことは、担当者自身が、お客様の事業や経営実態を肌で感じることにあります。

I-7　稟議書の作成

① 稟議書作成の目的

　インタビューが終了したあとは、実態調査を行い、不足があれば再調査し、稟議書をまとめる段階に入ります。

　ところで、融資の結論を出すのは決裁権限をもっている上司、つまり決裁者です。新人審査担当者のなかには、お客様に対して、あたかも自分が決裁者であるかのような言動をしてしまう人が少なくありません。審査担当者の役割は、あくまでも、決裁者が適正な判断を下すための情報を集め、それを簡潔明瞭にまとめて報告することであり、稟議書はそのための報告書です。したがって、稟議書は、報告内容が正しく決裁者に伝わるものでなければいけません。加えて、決裁者が限られた時間のなかで効率よく稟議書に目を通せるように、読みやすく、企業実態のイメージがわきやすい、簡潔明瞭な文書を作成することがポイントになります。

　どのような稟議書にも作成のルールがあります。ルールを理解し、決裁者が読みやすいように、決裁者の立場に立って作成することが肝要です。記載すべき場所に必要な事項を入力することはもちろん、どのような企業なのか、特徴やセールスポイントはどこにあるかなど、決裁者がビジネスモデルをイメージできるように、わかりやすく平易な文書で伝えることが大切です。

　決裁者は稟議書のどの欄（スペース）に何が入力されるべきかを頭に入れています。見ようとした欄に記載がなければ、「言及されていない、調べていない」と判断します。正しい内容であっても、自分勝手なルールで作成したものはよい稟議書とはいえません。限られた時間のなかで、効率よく審査を進め、的確な稟議書を作成するのは、経験の浅い審査担当者にとっては、ハードルが高いことかもしれません。それでも、「頭をフル回転させ、考えて行動する」ことを忘れないでください。

② 稟議書の内容

(1) 「今後の見通し」は必ず言及する

　決算書の数字は、過去から現在までの業績の積み重ねであり、評価の重要なポイントです。ただ、融資したお金が返済できるかどうかについては、今後（未来）の収益の見通しによるものであり、融資判断の大きなポイントになります。したがって、今後の見通しについてのコメントは欠かせません。融資が難しい場合には、この点に触れておかないと「過去の実績だけで判断し、今後の展望や見通しをまったく見てくれていない」というお客様からの苦言にも、十分な説明ができません。

(2) 審査判断の根拠は、３項目程度に絞り、箇条書きにする

　稟議書には、審査担当者の意見（結論）を入力する欄があります。そこには、決裁者が、一目で内容がわかるように、簡潔明瞭に、意見（結論）や問題点を入力してください。判断の根拠は３項目程度に絞り、項目間の内容が重複しないように、さらに、「MECE（漏れ、ズレ、重複がないこと）」を意識して、言及することがポイントです。

　特に、融資が難しい場合には、お客様への説明のためにも、その理由を説得力のある項目３つ程度にまとめてみてください。長々とした文章になると、理由が重複していたり、焦点がぼやけたりする可能性があります。無駄な装飾語を避け、箇条書きで、以下のポイントを押さえ、簡潔明瞭に表現することを心がけてください。

ア　資金使途の妥当性と融資の資金効果

イ　返済財源の有無と収支見通し

ウ　その他（金融事故歴、人物の信頼性などの特筆事項）

1 　稟議書は、「決裁者が適正に審査判断できるよう、審査担当者が必要な情報を集め、簡潔明瞭にまとめた報告書」である。

2 　稟議書作成のポイント

　　　決裁者が短時間で効率よく目を通せるように、わかりやすく、読みやすくする。

・決裁者（読み手）の立場に立って作成する

・読みやすい表現、平易な文書の作成に心がける

・自分勝手なルールで作成した稟議書はNG。ルールに従って作成すべき

・「今後の見通し」については、必ず言及する

3 　融資判断の根拠は、3項目程度にまとめ、箇条書きで、簡潔明瞭に表現する。

・資金使途の妥当性と融資の資金効果

・返済財源の有無と収支見通し

・その他（金融事故歴、人物の信頼性などの特筆事項）

第 **II** 章

定量分析のポイント1
──比率分析

第Ⅱ章と第Ⅲ章では数字面からのアプローチをベースにした定量分析の見方について解説します。定量分析は主に決算書の数値に基づいて企業の経営状態を評価する方法です。財務分析ともいわれ、分析手法は図のように実数分析と比率分析に大別されます。実数分析は、主に貸借対照表と損益計算書の金額そのものの大きさや増減額を分析する手法で、比率分析は、貸借対照表や損益計算書などの数字を組み合わせて比率にし、その比率や比率相互の関係を分析する手法です。

　定量分析とは比率分析のことであるといわれるほど、主流となっている手法ですが、小企業の融資審査においては、比率分析よりも実数分析が重要です。本書でも比率分析よりも実数分析に重点をおいて定量分析のポイントを解説します。したがって、比率分析の基本的な知識や一般的な考え方については他書に譲り、本章では、比率分析について小企業の融資審査で注意すべき点を中心に簡単に解説します。

図　定量分析における比率分析の位置づけ

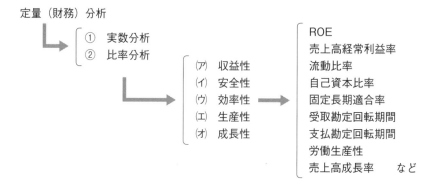

Ⅱ-1 小企業の比率分析の留意点

　財務比率は、決算書の数字を組み合わせて比率で表したものです。実数分析では、数字の増減しかわかりませんが、比率分析では過去の実績や他の企業の実績に比べてどの程度なのかといった比較分析ができます。

　図のように、財務比率は主に「収益性」「安全性」「効率性」「生産性」「成長性」の観点から評価します。一つひとつの比率を詳しく解説することは本書の目的ではないので、小企業のデフォルトと相関が高いとされる「収益性」「安全性」「効率性」を中心に解説します。

　具体的な比率の説明に入る前に、どの比率にもいえることですが、小企業の比率分析にあたっては、小企業の特性を踏まえる必要があります。それは規模、業種、実態財務の３つです。

❶ 規　　模

　表1は資本金規模別に見た主な財務指標の平均値です。手元流動性については規模が小さいほど高い傾向にありますが、利益率や自己資本比率は規模が小さくなるほど指標が悪くなっています。収益性や安全性を評価するにあたっては、規模を勘案する必要があります。それには、小企業を対象にした経営指標を参考に分析することがポイントです。

❷ 業　　種

　表2は小企業の経営指標を業種別に見たものです。業種によって収益性や安全性に大きな差があるので、評価にあたっては業種特性を勘案することが必要です。

　また、業種とは直接関係ありませんが、売上高経常利益率や自己資本比率はほとんどマイナスとなっています。小企業の多くが、赤字もしくは債務超過で事業を継続している実態がうかがえます。

表1　資本金規模別財務指標

資本金（百万円）	10未満	10〜99	100〜999	1,000以上	計
総資本経常利益率(%)	1.7	3.3	5.4	4.8	4.3
売上高経常利益率(%)	2.0	3.6	5.0	9.1	5.8
自己資本比率（%）	16.8	41.0	43.1	42.8	40.5
手元流動性（%）	28.6	26.2	13.7	16.7	20.4

資料：財務省『法人企業統計調査［令和3年度］』
注：手元流動性＝［現・預金額＋有価証券額］（期首・期末平均）÷売上高

表2　小企業の業種別財務比率

	理想値	建設業	製造業	卸売・小売業	飲食店、宿泊業	サービス業	単位
売上高経常利益率	＋	2.3	1.4	−0.9	−0.3	−0.3	（%）
受取勘定回転期間		1.3	1.8	1.1	0.2	1.1	（月）
支払勘定回転期間		1.5	1.9	1.5	0.8	1.6	（月）
当座比率	100＜	152.9	155.9	176.2	100.4	212.0	（%）
流動比率	150＜	215.3	258.5	323.8	164.9	286.9	（%）
固定長期適合率	100＞	72.3	80.8	82.9	145.9	103.8	（%）
自己資本比率	30＜	−23.0	−38.6	−29.4	−44.4	−46.0	（%）

資料：日本政策金融公庫総合研究所『小企業の経営指標［2017年度］』『小企業の経営指標［2018年度］』

③ 実態財務

　大企業や中堅企業では、赤字が続いたり、債務超過になったりすれば、その多くはデフォルトします。そのため、自己資本比率や売上高経常利益率などは重要な指標となります。しかし、小企業の場合は、**表2**のように、多くの企業が赤字もしくは自己資本マイナスで事業を継続しているので、財務比率の良し悪しとデフォルトとの相関が大企業や中堅企業よりも低い傾向があります。

背景には、多少なりとも数値に含みがあることに加え、①経営者が個人資産を会社に投入して赤字を補填、②役員報酬や減価償却費で利益を調整、③経営者の副収入や家族の別収入で役員報酬の減少をカバー、といった小企業特有の経営行動があります。財務分析をするうえでは、比率分析でよく用いられる代表的な指標だけでは十分とはいえないことには注意が必要です。

キーセンテンス

1　小企業の融資審査においては、比率分析よりも実数分析が重要である。

2　実数分析では数字の増減しかわからないが、比率分析では過去の実績や他の企業の実績に比べてどの程度なのか、比較分析ができる。

3　財務比率は主に「収益性」「安全性」「効率性」「生産性」「成長性」の観点から評価する。

Ⅱ-2 収益性評価の留意点

はじめに収益性指標の分析のポイントを解説します。収益性を測る代表的な財務比率として下記の2つがあります。

❶ ROE（Return On Equity）

株主資本利益率＝当期利益÷自己資本×100（％）

株主が出資した資本でどれだけ収益を得ることができたのか、自己資本の収益性を示す指標です。中小企業白書を見ると、小売業は11.66％が平均となっています。

❷ 売上高経常利益率

売上高経常利益率＝経常利益÷売上高×100（％）

通常の営業活動から得られる利益が売上げに対してどれくらいの割合なのかを示す指標です。同業他社との比較に用います。

ROEと売上高経常利益率は、いずれも比率が高ければ収益性が高いといえます。ただ、前述したように、規模の小さな企業ほど利益率が小さくなる傾向にありますので、収益性を評価するときには、規模を勘案することが必要です。小企業の場合は、比率が悪くても、規模が小さい点を加味してリスクを過大評価しないようにしてください。

また、『中小企業白書』で中小企業の経営指標をみるとROEが算出されていますが（次ページ〈参考〉）、表2をみるとわかるように、小企業は自己資本がマイナスで赤字となっているケースはめずらしくありません。自己資本、当期利益ともマイナスの場合、ROEを計算すると「＋」になってしまい、正しく評価できなくなります。そのため、「ROE」は大企業や中堅企業

表3　減価償却費とデフォルト率との関係

減価償却費	500万円未満	500万円以上5,000万円未満	5,000万円以上1億円未満	1億円以上3億円未満	3億円以上	全体
デフォルト率	0.83%	0.70%	0.46%	0.33%	0.12%	0.79%

資料：リスクモンスター『与信管理論』。以下表4〜表6について同じ。
注：『与信管理論』では「倒産確率」と表記しているが、本書では「デフォルト率」と読み替える。以下同じ。

〈参考〉業種別収益性指標

	総資本経常利益率	総資本営業利益率	ROE	売上高総利益率	売上高営業利益率	売上高経常利益率
建設業	4.75	4.34	10.93	20.92	3.23	3.54
製造業	4.46	3.87	8.56	21.97	3.67	4.23
情報通信業	5.75	5.17	9.19	44.85	4.97	5.53
運輸業、郵便業	4.51	3.58	12.18	26.37	2.95	3.72
卸売業	3.21	2.64	7.61	16.15	1.57	1.91
小売業	4.40	3.43	11.66	31.01	1.89	2.42
不動産業、物品賃貸業	2.78	2.75	8.47	46.97	8.56	8.63
学術研究、専門・技術サービス業	6.88	5.94	12.47	49.17	7.52	8.71
宿泊業、飲食サービス業	2.53	1.52	14.91	64.55	1.54	2.56
生活関連サービス業、娯楽業	3.92	2.92	8.33	30.75	2.27	3.04
サービス業（他に分類されないもの）	4.94	3.84	9.81	38.24	2.94	3.79

資料：中小企業庁『中小企業白書［2018年版］』15表「中小企業の経営指標［2016年度］」

では重要な指標ですが、小企業の比率分析ではほとんど用いられません。

　さらに、売上高経常利益率はマイナスになる企業が大半ですが、小企業は、利益率を高めるために、役員報酬や減価償却費を抑制する傾向があります。実際、表3のように減価償却費が少ない企業ほどデフォルト率が高くなっています。収益性の指標がよくても、減価償却費が少ない場合は注意が必要です。

★比率が高いほど収益性は高い。

株主資本利益率＝当期利益÷自己資本×100（％）

売上高経常利益率＝経常利益÷売上高×100（％）

・小企業の場合は、売上高経常利益率がマイナスになる企業が大半で
あるが、役員報酬や減価償却費などを抑制してプラスにしている企
業も少なくない。

Ⅱ-3　安全性評価の留意点

　安全性を示す指標には、当座比率や流動比率など、主に短期（1年以内）の安全性を測る指標と、自己資本比率や固定比率など、主に長期（1年超）の安全性を測る指標とがあります。1年以内の安全性を測る指標は、流動性指標という場合もあります。

　短期の安全性を測る指標としては、流動比率と当座比率がよく使われます。

1　短期の安全性を測る指標

(1)　流動比率

$$流動比率 = 流動資産 \div 流動負債 \times 100（\%）$$

　企業の短期的な支払能力をつかむ指標で、1年以内に支払する必要のある流動負債の支払手段として、1年以内に現金化できる流動資産をどれだけもっているかを示す比率です。理想値は200％以上といわれます。

　表4のように、流動比率は高いほどよいとされます。ただ、デフォルトの兆候としてこの数値が高くなることがあります。なぜなら、業績が低迷すると、①銀行からの借入れが難しくなる、②取引先から取引条件の短期化を要求される、傾向があるため、資金繰りが苦しくなります。対策として、企業は不動産や設備の一部を売却して現金化するという行動に出ます。すると、流動性比率は短期間で改善します。つまり、業績が悪いのに、これらの指標が短期間で改善するのは、デフォルトの兆候ともいえますので、注意してください。

　このような傾向を捉えるには、流動比率を前年同期比で評価します。前年同期比とデフォルト率は、次ページの表4のような関係になることが知られているので、確認しておきましょう。

表4　流動比率とデフォルト率

流動比率	50%未満	～70%未満	～90%未満	～120%未満	120%以上	全体
デフォルト率	1.57%	1.20%	1.13%	1.00%	0.68%	0.93%

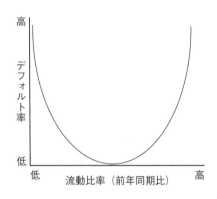

- ・前年同期より大きく悪化
  ⇒デフォルト率が上昇
- ・前年同期に比べて大きな変動なし
  ⇒問題なし
- ・前年同期より大きく改善
  ⇒デフォルト率が上昇

⑵　当座比率

$$当座比率＝当座資産÷流動負債×100（％）$$

　流動資産から棚卸資産等を除いた、より短期間に現金化できる当座資産が流動負債の何倍あるのかを見る指標で、確実な短期支払能力を示す比率です。流動比率は1年以内の収支のバランスで評価しますが、当座比率は換金性の高い資産と流動負債の関係を評価しますので、流動比率よりもシビアな比率として「酸性比率」ともいわれます。100％以上が望ましいといえます。

❷　長期の安全性を測る指標

　長期（1年超）の安全性を測る指標は、デフォルトとの相関が高いことが知られているので重要です。安全性を示す代表的な指標としては、自己資本比率、固定比率、固定長期適合率があります。

⑴　自己資本比率

$$自己資本比率＝自己資本÷総資産×100（％）$$

表5　自己資本比率とデフォルト率

自己資本比率	債務超過	0～5%	～15%	～30%	30%以上	全体
倒産確率	1.59%	1.52%	1.10%	0.62%	0.39%	0.81%

注：2011年リスクモンスター調べ。サンプルは大企業や中小企業が中心。

　自己資本の資産に占める割合で、財務の安全性を示す代表的な指標です。この比率が高いほど安全性が高いといえます。**表5**のように、比率が低いほどデフォルト率が高くなります。自己資本比率は、50%以上あることが望ましいとされていますが、中小企業は40%程度、小企業は大半がマイナスです。また、資産規模が小さいほど、利益の変動によって比率が大きく変動するという特徴もあります。

　安全性の指標としては、自己資本比率以外に、固定比率や固定長期適合率もよく使われます。

(2)　固定比率

$$固定比率＝固定資産÷自己資本×100（\%）$$

　固定比率は、工場や店舗などの固定資産がどれだけ自己資本で賄われているのかを見る指標です。固定比率が低いほど資金の安全性は高くなります。100%以内が望ましいといわれています。

(3)　固定長期適合率

$$固定長期適合率＝固定資産÷（自己資本＋固定負債）×100（\%）$$

　固定資産は自己資本で賄われることが理想ですが、小企業の場合、現実には困難です。そこで、借入金で賄われているとしても、長期（1年超）であれば、短期的な資金繰りの影響は小さいと考えて、固定長期適合率で評価します。100%以内が望ましいとされており、**表6**のように、比率が高いほどデフォルト率が高くなっていることがわかります。

表6　固定長期適合率とデフォルト率

固定長期適合率	70%未満	～100%	～150%	～200%	200%以上	全体
倒産確率	0.67%	0.65%	0.94%	1.30%	1.35%	0.77%

〈参考〉業種別安全性指標

	流動比率	自己資本比率	固定比率
建設業	173.55	40.84	76.72
製造業	194.55	45.60	97.48
情報通信業	254.35	55.22	63.80
運輸業、郵便業	155.04	35.32	156.15
卸売業	156.57	38.01	87.24
小売業	158.32	36.15	118.09
不動産業、物品賃貸業	169.16	36.58	184.49
学術研究、専門・技術サービス業	193.00	59.92	92.42
宿泊業、飲食サービス業	104.51	20.83	346.59
生活関連サービス業、娯楽業	142.80	36.14	187.43
サービス業（他に分類されないもの）	215.56	42.23	87.91

資料：中小企業庁『中小企業白書［2019年版］』15表「中小企業の経営指標（2017年度）」

・流動比率＝流動資産÷流動負債×100（％）　　→理想値200％以上

・当座比率＝当座資産÷流動負債×100（％）　　→理想値100％以上

・自己資本比率＝自己資本÷総資産×100（％）→理想値50％以上

・固定比率＝固定資産÷自己資本×100（％）　　→理想値100％以内

・固定長期適合率＝固定資産÷（自己資本＋固定負債）×100（％）

→理想値100％以内

Ⅱ-4 効率性、生産性、成長性評価の留意点

❶ 効率性指標

　効率性指標とは、事業の元手である資本や負債をどのくらい効率的に活用して、売上げや利益を生み出しているかを示す指標です。小さな資本や少ない負債で大きな売上げや利益を生んでいる場合は事業の効率性が高いといえます。

　効率性指標は、比率ではなく月数で表示される場合もあります。その場合、総資産回転率であれば、総資産回転期間（月）になります。回転期間とは、資産や負債の勘定科目やカテゴリーを主に月商（月平均の売上高）で除す（割る）ことにより、何か月分の資産や在庫があるかを見ます。

　事業の規模に見合っているかどうかを評価することによって、効率性だけではなく、売掛金や棚卸資産（在庫）に不良債権や不良在庫がないかどうかという安全性をチェックすることもできます。小企業の融資審査では、こちらの視点での評価が重要になります。

(1) 総資産回転率（期間（月））

> ・総資産（総資本）回転率＝売上高÷総資産
> ・総資産（総資本）回転期間（月）＝総資産÷月商（売上高÷12か月）

　総資産額が、売上高というかたちで1年に何回回転したのかを示しています。高いほど、資産が効率的に売上げにつながっていることになります。

(2) 売上（受取勘定）債権回転率（期間（月））

> ・売上(受取勘定)債権回転率＝売上高÷(売掛金＋受取手形＋割引手形)
> ・売上債権回転期間（月）＝(売掛金＋受取手形＋割引手形)÷月商

　商品やサービスを売り渡してから、代金を回収するまでのキャッシュの効率性がわかります。回転率が低い（回転期間が長い）と、資金繰りが苦しい

といえます。あまりに低い（長い）場合は、回収不能、粉飾などが疑われます。

(3) 支払債務（支払勘定）回転率（期間（月））

> ・支払債務（支払勘定）回転率＝売上原価÷（買掛金＋支払手形）
> ・支払債務回転期間（月）＝（買掛金＋支払手形）÷（売上原価÷12）

商品や材料を仕入れてから、その代金を支払うまでのキャッシュの効率性がわかります。回転率が高い（回転期間が短い）と、資金繰りが苦しいといえます。取引先からの信用が低下して、短期決済となっている可能性もあります。最近の業績と照らし合わせながら、総合的に判断する必要があります。

(4) 棚卸資産（商品）回転率（期間（月））

> ・棚卸資産（商品）回転率＝売上原価÷棚卸資産
> ・棚卸資産回転期間（月）＝棚卸資産÷（売上原価÷12）

在庫が何か月分あるのかという在庫の大きさを測る指標です。回転率が低い（回転期間が長い）場合は、在庫が多すぎる状態にあり、不良在庫が多数含まれている可能性や粉飾の可能性が疑われます。回転率が高い（回転期間が短い）場合は、在庫が少ない状態にあり、商品の回転が早く効率性が高いと評価できますが、在庫切れによって販売機会を失っている可能性もあります。適正な在庫を保有しているかどうかを確認することがポイントです。

❷ 生産性指標

生産性指標とは、経営資源（「ヒト」「モノ」「カネ」）をどれだけ効率的に使用して売上げや付加価値を生み出したかを示す指標です。売上げや利益、付加価値などを「従業員1人当たり」や「総資本」などで除して計算します。業界平均と比較することで、強み弱みを把むことができます。

（1） **資本生産性**

> 資本生産性＝付加価値÷総資本×100（％）
>
> ※付加価値＝純利益＋人件費＋金融費用＋賃貸料＋税金＋減価償却費

総資本の生産性を表し、付加価値を総資本で除したものです。

（2） **従業員一人当たり売上高**

> 従業員一人当たり売上高＝売上高÷従業員数

労働者一人当たりの売上高。労働効率の良し悪しを示したものです。

③ 成長性指標

　成長性指標とは、企業の規模が拡大しているかを見る指標です。具体的には、会社の売上高や総資産などの規模がどの程度変化・伸長しているかを分析することで一定期間の成長度合いを見ます。以下の(1)から(5)の成長率を比較することにより、どの段階の利益に課題があるのかがわかります。たとえば、売上総利益成長率よりも営業利益成長率が低い場合、経費が膨らんでいる可能性があります。インタビューのポイントが見つかるかもしれません。

> （1） **売上高成長率**（％）＝（当期売上高－前期売上高）÷前期売上高×100
>
> （2） **売上総利益成長率**（％）
>
> 　＝（当期売上総利益－前期売上総利益）÷前期売上総利益×100
>
> （3） **営業利益成長率**（％）
>
> 　＝（当期営業利益－前期営業利益）÷前期営業利益×100
>
> （4） **経常利益成長率**（％）
>
> 　＝（当期経常利益－前期経常利益）÷前期経常利益×100
>
> （5） **当期純利益成長率**（％）
>
> 　＝（当期純利益－前期純利益）÷前期純利益×100

1 効率性指標

　事業の元手である資本や負債をどのくらい効率的に活用して、売上げや利益を生み出しているかを示す指標。小さな資本や少ない負債で大きな売上げや利益を生んでいる場合は事業の効率性が高い。

2 生産性指標

　経営資源（「ヒト」「モノ」「カネ」）をどれだけ効率的に使用して売上げや付加価値を生み出したかを示す指標。売上げや利益、付加価値などを「従業員一人当たり」や「総資本」などで除して計算する。

3 成長性指標

　会社の売上高や総資産などの規模がどの程度変化・伸長しているかを分析することで一定期間の成長度合いを見る。

4 経営指標の使い方

　一口に中小企業といっても、家族経営主体の小企業から社員数百人規模の中堅企業までさまざまである。「小企業の経営指標」や「中小企業の経営指標」など、比較対象に適合した経営指標を用いる。

〈参考〉業種別効率性、生産性、成長性指標

	総資本回転率(%)	売上債権回転期間(日)	買入債務回転期間(日)
建設業	1.26	39.26	38.96
製造業	1.00	62.06	42.51
情報通信業	1.01	47.68	25.78
運輸業、郵便業	1.19	42.95	23.90
卸売業	1.78	55.23	46.54
小売業	1.85	23.74	25.15
不動産業、物品賃貸業	0.33	39.52	37.63
学術研究、専門・技術サービス業	0.24	47.60	28.32
宿泊業、飲食サービス業	1.04	10.09	13.67
生活関連サービス業、娯楽業	1.00	15.13	13.02

	従業員1人当たり年間売上高(千円)	売上高成長率	経常利益成長率
建設業	25,750	4.08	2.52
製造業	20,853	12.48	2.53
情報通信業	16,071	18.35	19.31
運輸業、郵便業	12,696	20.17	13.95
卸売業	63,478	20.44	7.78
小売業	19,408	9.32	40.76
不動産業、物品賃貸業	26,631	5.64	▲10.76
学術研究、専門・技術サービス業	15,499	24.96	163.49
宿泊業、飲食サービス業	5,687	18.98	▲29.53
生活関連サービス業、娯楽業	18,039	7.49	72.80

資料：東京都中小企業診断士協会城南支部財務診断研究会「令和2年度業種別経営指標」

II−5 比率分析の留意点と信用（クレジット） スコアリングモデル

これまで定量分析の主流となっている比率分析について解説しました。一つひとつの比率については、「100％未満が望ましい」「200％以上あると安全」といった理論的な基準や目安があり、定性分析に比べて客観的に評価しやすいといえます。

ただ、比率分析の結果を総合的に評価するとなった途端に審査担当者の主観的な評価になる傾向があります。たとえば、比率分析をすると、表7のように、指標ごとにさまざまな評価結果となることがほとんどです。このような場合、審査担当者の知識や経験、勘などを総動員して総合的な評価を行います。

すると、ある担当者は自己資本比率を重視して低い評価をつけるかもしれませんし、別の担当者は流動比率を重視して高い評価をつけるかもしれません。最終的な評価は審査担当者の主観に依存することになります。

また、同じ担当者でもタイミングによっては、重視する項目が異なることもあります。たとえば、最近デフォルトした企業が流動比率の評価に問題があったとすると、流動比率を普段よりも重視して評価してしまうということが起きます。

このように、比率分析は、客観性の高い分析手法であるにもかかわらず、最終的な評価は審査担当者の主観に左右されてしまいます。

表7　比率分析の結果

比率	評価	判断
流動比率	業界平均より良い	○
自己資本比率	業界平均より悪いが前期より改善	×
受取勘定回転期間	業界平均	▲
商品回転期間	業界平均より良いが前期より悪化	○
借入金回転期間	業界平均より悪い	×

このような欠点を補うためには、信用スコアリングモデル（信用リスクモデルともいいます）を活用することが有効です。スコアリングモデルは以下のイメージのように、大量の決算データ（ビッグデータ）から、財務比率を説明変数（X）、デフォルトの有無を被説明変数（Y）とする統計手法を用いて企業の財務力を点数化するモデルです。

【スコアリングモデルの構造（イメージ）】

> デフォルトの有無（Y）＝－0.5×自己資本比率（X1）＋0.2×借入金月商
> 倍率（X2）…－0.02×総資本増加率（X○）
> －0.03×売上高経常利益率（X○）

　ここで、比率（X：変数）は、主に決算書や申告書の数値から計算されます。比率の前の数値は、ウエイト（重要性）です。たとえば、自己資本比率は0.5なので、借入金月商倍率0.2よりもデフォルトの有無と関係が強い重要な比率であることがわかります。さらに、プラスやマイナスの符号は、デフォルトとの関係を示しています。たとえば、自己資本比率はマイナスなので、比率が高くなるほどデフォルトの可能性が低くなることを示しています。

　このようにして計算された信用スコア（通常、0点から100点もしくは、0点～1,000点）をもとに、相対的な評価を行います。モデルを使用すれば、スコアという1つの指標で相対的かつ客観的に総合評価することができます。どの指標をどの程度重視する必要があるのかも、係数によって合理的にウエイトづけされています。

　モデルを使えば、スコアが前期と比較して低下した場合、どの指標が原因で、どの程度悪化したのかが一目でわかりますし、他社との比較も容易になります。多くの金融機関では格付に使用していますが、審査業務を効率化する観点からも、スコアリングモデルを比率分析をサポートするツールとして活用することが望ましいと思います。

比率分析は客観性の高い分析手法

↓

最終的な評価は、主観によって大きく左右される

↓

信用スコアリングモデルを使用することが有効

↓

スコアという 1 つの指標で相対的かつ客観的に評価することができる

定量分析のポイント2
──実数分析

審査判断で悩んだことがない審査担当者はいないと思います。悩みの根本的な原因は「判断の基準をどこにおいたらよいかわからない」からです。「この業績で融資をしてもよいのか」「融資をするとしたら、金額や金利、返済期間など、どのような条件をつければよいのか」など、判断の基準がはっきりしないことにあります。

　判断の基準はどこにおけばよいのでしょうか。「財務比率が業界平均よりもよければよいのか」「利益が出ていればよいのか」「資産が多ければよいのか」「諸支払振りや銀行等の返済状況がよければよいのか」「信用スコアリングモデルのスコアが高ければよいのか」など、基準となるポイントは数多くあります。「何のどこを基準にすればよいか迷う」のはもっともです。

　いろいろな考え方がありますが、重要なのは「融資したお金をきちんと返してもらえるのか」という当たり前の視点です。融資の返済財源は利益です。このとき、単に「利益が出ていればよい」と考えるのではなく、「事業活動から得た利益から借入金の元金を返済できるかどうか」に着目して分析します。これを「利益償還」といいます。今後の見通しを含め、利益償還できる構造にあるかどうかを見極めることができれば、判断は容易になります。

　もっとも、赤字もしくは債務超過の企業が多い小企業は、利益償還できる企業は少数派で、資産の取り崩しや銀行借入れなど、お金をやりくりして返済する企業が大半を占めます。文字どおりの「資金繰り償還」をしているのが実態です。利益償還ができなくても、資産の取り崩しや金融機関から資金調達できる間は存続できます。ただ、永遠に資金繰り償還を続けられるわけではありません。利益償還できる体質にない、資産が少なく資金調達力が低い企業は、いずれ資金繰りに行きづまり、破綻に向かう可能性があります。

　利益を上げるには、原価率が一定だとした場合、売上げを伸ばすか経費を削減するかのいずれかしかありません。経費削減には限界があるので、最終的には売上げをいかに伸ばすのかが重要になりますが、容易ではありません。新たな取引先を開拓するには、ライバルとの競争に勝ち残れるだけの「強み」が不可欠です。

売上げを伸ばすために経営者がどのような取組みをしているのかを調べ、実現可能かどうかについて、自分なりの結論を得ることが必要です。

Ⅲ-1 法人企業の決算書の見方
──実態財務を把握する

　企業実態を把握する資料は、確定申告書が中心になります。確定申告書は企業が税金を納めるための書類ですが、企業の財務状況に関するさまざまな情報を提供してくれます。なかでも、決算書は、定量（財務）分析において最も重要な資料です。

　決算書は、最近のものだけではなく、過去2期分、できれば3期分を確認します。過去の数字と比較することで企業の経営状態を動態的に把握することができるからです。

1 損益計算書を見るポイント

　まず、売上げの動向に着目します。今期は伸びているのか、下がっているのか、または、上げ下げの変動があるのかといった傾向（トレンド）をつかみます（後述「Ⅲ-4　売上げの分析」参照）。次に、利益に着目します。経常利益がプラスか、営業利益はどうかなど、利益が出ているのかを確認します。そのあと、減価償却費が計上されているか（固定資産台帳で資産の有無を確認）、役員報酬は適正か（少なすぎないか、多すぎないか）、原価率は業種平均と比べて妥当か、支払利息が高額ではないかなどを見ていきます。売上げ、利益、経費と順に数字を見ていくなかで、「売上げが伸びているにもかかわらず、利益が伸びていない」「売上げの伸びと原価の伸びが一致しない」「売上げも原価も変わらないのに、利益だけが伸びている」など、いろいろな課題が見えてきます。違和感があれば、そこが評価のポイントになります。

2 貸借対照表を見るポイント

⑴　主な勘定科目と月商とを比較する

　主な勘定科目（現金・預金、売掛金、棚卸資産、買掛金、借入金など）の残高を月商と比べてください。「残高が月商の何か月分に相当するのか」「月商に

比べて大きな数字が出ていないか」について検証します。「売掛金や買掛金が月商の4〜5倍もあるのは多すぎないか」「預金ではなく、現金が売上げの数か月分もあるのは多すぎないか」「借入金が年商と同程度あるのは借りすぎではないか」など、違和感を覚えたときは、裏付け調査を進めてください。

(2) 自己資本を見る

ア 連続性を見る

資本の連続性に着目してください。特に新規の取引先については、決算書の信憑性を確認するうえでも必ずチェックしましょう。

貸借対照表の資本の部は、過去の利益の蓄積状況を表しています。剰余金等に動きがない場合、資本額は前期の額に今期の利益を加えたものになります。前期の資本額が1,000万円で、今期の利益が100万円だとすれば、今期の資本額は1,100万円になるはずですが、前期の資本額に今期の利益を加えても今期の資本額にならないケースがあります。誤植や記載違いであればよいのですが、粉飾の可能性も考えられます。複式簿記では、損益計算書の動きと貸借対照表の動きは連動します。損益計算書の利益金を故意に操作し、それを貸借対照表に反映させていない場合に不一致が生じている可能性があるので注意してください。

資本の連続性がない決算書に遭遇したときは、経営者に状況を確認しましょう。「税理士に聞かなければわからない」といわれた場合には、経営者の了解を得たうえで税理士に問い合わせましょう。税理士に頼まず自分で確定申告書を作成している企業については、知識不足や勘違いなどにより、不一致が起こる場合もあります。特に、青色申告でない場合については注意が必要です。

イ 蓄積状況を見る

自己資本は、開業時から現在までの利益の蓄積です。自己資本が資本金よりも多いということは、過去の変動は別にして、開業時に比べて利益が積み上がっている結果として評価できます。逆に、少ない場合は、欠損の累積が大きいことを示し、自己資本がマイナスの場合は、資本金さえも食いつぶし

ている状態です。自己資本が資本金よりも少ない場合は、その原因が、最近の欠損なのか、かなり前の欠損なのか、欠損の発生時期によっても評価は変わってきます。

この分析で役に立つのが、確定申告書の「別表七」です（後述「Ⅲ－2 確定申告書の見方」でも解説します）。現在の青色申告制度では、当期に出た利益を9年前までさかのぼり、過去の欠損と相殺できる特典があります。欠損発生の年度は「別表七」に記載されています。ただし、累積欠損金額以上の所得が計上された時点で、過去の欠損は相殺され、別表上からは消えますので、留意してください。

たとえば、発生年度が7年前から9年前にかけてであり、その後に欠損発生の記載がなければ、少なくとも6年前からは黒字に転換していることが推測できます。仮に、現在の自己資本がマイナスであっても、いまは改善途中にあり、今後は自己資本がプラスに転じる可能性が見えてきます。一方、欠損の発生がここ2～3年に集中していれば、現在は自己資本がプラスであっても、今後マイナスに転じる可能性が推測され、その原因や対策について確認する必要性が出てきます。

③ 決算書の見方の順序と着眼点

前述「Ⅰ－3 提出書類の分析」でも説明しましたが、あらためて決算書の損益計算書と貸借対照表を、どのような順序で、どこに着目して分析を進めていくのか、その手順を覚えてください。

まず、損益計算書から、次に貸借対照表へと、以下の項目を順番に見ていきます。順番に見ていくことで、いろいろな問題点を見つけられるはずです。

〈まず、損益計算書から〉

① 経常利益（事業活動による利益）がプラスか

　　　↓

② 営業利益（本業による利益）がプラスか

　　　↓

③ 経費のなかに減価償却費が含まれているか（固定資産台帳で資産の有無を確認）

　　　↓

④ 役員報酬が適正に取られているか（少なすぎないか、多すぎないか）

⑤ 原価率は、業種平均と比べて不自然さはないか

　　　↓

⑥ 支払利息が高額ではないか

　　　↓

〈次に、貸借対照表を見て〉

⑦ 自己資本は資本金の額よりも多いか

　　　↓

⑧ 現金が多すぎないか（預金よりも多い場合は注意）

　　　↓

〈以下、月商（＝年商÷12）を計算しておき、主要勘定残高と比較する〉

⑨ 売掛金、買掛金と月商を比較する。3か月以上あれば注意

　　⇒勘定明細の取引先や金額の動きを前期と比較し、不良債権等の有無を確認

　　　↓

⑩ 在庫が多くないか。6か月以上あれば要注意

　　⇒不良在庫や架空計上の有無を確認

　　　↓

⑪ 金額が大きな雑勘定科目（貸付金、仮払金、仮受金、前受金、前払金、未払金など）に着目（月商以上ものがあれば、内容を確認する）

　　⇒一時的なものか、恒常的なものか

　　　必要に応じて資産・負債性について評価

　　　↓

⑫ 借入金が多くないか。6か月以上あれば要注意

　　⇒借入明細書にて返済元金を確認

1 「損益計算書」

　売上げなどを動態的に見る。

　　→その会社は成長しているのか、衰退しているのか、現状を維持

　　　しているのか

2 「貸借対照表」

　・月商と主要勘定科目を比較する。

　　→3か月以上は注意（決算書の異常値が見えてくる）

　・自己資本に連続性があるか、確認する。

　　→今期の自己資本＝前期の自己資本＋今期の経常利益

3 決算書の見方

　・決算書は2期分以上を比較する

　・「損益計算書」「貸借対照表」を見ていく順序とそれぞれの着眼点

　　を意識する

Ⅲ-2　確定申告書の見方

確定申告書には、決算書以外にも審査の参考になる情報が数多く含まれています。決算書以外の書類にも目を通し、積極的に活用します。

① 法人企業の確定申告書の見方

(1)　「別表」

「別表」は一から十六まであり、税務申告の課税根拠や計算の明細などが掲載されています。

ア　「別表一」（所得額の確認）

申告書の表紙になっています。法人名や住所、法人所得額が記載されています。

イ　「別表二」（「同族会社の判定に関する明細書」）

株式の所有者が記載されています。小企業においては、所有者のほとんどは代表者およびその家族です。まれに、第三者と思われる個人もしくは法人が載っている場合があります。過半数を超える株式を所有する第三者がいれば、その関係を調べます。経営に影響力をもつ個人や法人が存在する可能性があるからです。代表者の権限および企業の独立性等についても併せて確認してください。

ウ　「別表五（二）」（「租税公課の納付状況等に関する明細書」）

今年度の納税額だけでなく、過去の未納税額についても記載されています。過年度の未納税額が載っている、未納分はなくても前期分を遅れて支払った事跡がある場合には、代表者に支払状況や遅れて納付した理由などを確認する必要があります。

支払未了の場合は、資金繰りに余裕がないサインといえます（後述「Ⅳ-7　納税状況の確認」参照）。

エ　「別表七」（「欠損金の損金算入に関する明細書」）

青色申告法人は、今期の所得がプラスであっても、過去９年間に発生した

欠損金と相殺することで税負担を軽減できるため、別表七を見れば、過去9年間の欠損の有無（2期分の確定申告書があれば10年間の欠損の有無）が把握できます。

　ただし、累積欠損金額以上の所得が計上された時点で、過去の欠損は相殺され、別表七からは削除されます。

　　オ　「別表十六」（「減価償却資産の償却額の計算に関する明細書」および「減
　　　　価償却資産台帳」）

　償却対象資産の個別の内容、取得年月、取得価格、現在の評価額等の詳細が記載されています。いつ、いくらの資産を購入し、いつ、いくらの償却が行われたのかを確認することができます。

　企業の主な設備の内容を確認できるほか、設備を導入してから何年経過しているのかがわかるので、買い替えの時期や資金需要を知ることができます。

(2)　勘定科目内訳明細書

　決算書に付随する勘定科目内訳明細書からも多くの情報が得られます。以下、主な項目について説明します。

　　ア　預　　　金

　預金残高の多寡や定期預金の有無だけではなく、取引銀行を確認でき、メインバンクがどこかも推測できます。他行の当座預金の記載があれば、「小切手帳」や「当座勘定照合表」を確認してください。インターネットバンキングを使っている場合は、適宜「入出金明細書」の提出を求めましょう。

　　イ　売掛金と買掛金

　2期以上にわたり、同じ企業名が記載されていれば、固定した取引先と考えられます。金額が大きな企業は、主要な取引先と推測できます。取引年数や取引のきっかけなどを詳しく聞いてください。

　売掛金のなかに、2期以上連続して金額に変動がない企業名があれば、不良債権の可能性もあるので、注意が必要です。

　　ウ　借　入　先

　金融機関以外の借入先で、代表者や家族、役員以外の個人名があれば、そ

の関係や返済条件などを聴き取ります。親族からのものであればよいのですが、第三者からの場合は、高利貸しの可能性があります。

借入先と預金先の金融機関を比較し、メインバンク以外からの借入金が増えている場合は、その理由を確認します。規模の大きな金融機関にシフトしている場合は、業績がよくなっている証かもしれませんが、業績悪化によってメインバンクが融資を控え、やむなく他行取引を始めたとなれば問題があります。

2期分の借入欄を見れば、借入金の毎月の返済元金を推定することも可能です。たとえば、前期末のA銀行の残高が300万円、今期末は残高が120万円とすると、12か月間で180万円減少しているので、1か月の返済元金は15万円と推測できます。もっとも、期中に借り換えが行われるなど、前期との連続性が見られない場合は、この限りではありません。

エ　雑　勘　定

雑勘定とは、貸付金、仮払金、仮受金、前受金、前払金、未払金などのことをいいます。通常の業務取引ではあまり発生せず、一時的に生じる勘定です。このような雑勘定が多く見られる場合は、勘定科目明細書を見て、なぜ雑勘定が生じているのか、違和感のある雑勘定がないかチェックします。「建設業でもないのに多額の前受金や前払金がある」「多額の未払金、仮受金、未収金、仮払金がある」といった場合は、詳細に調査する必要があります。

代表者に対する貸付金がある場合は、使いみちは何か、返済の見込みがあるのかを検討します。代表者以外への貸付金がある場合は、貸付先との関係や貸付けした理由をヒアリングするとともに、返済状況や完済の見込みについて調査します。貸付金の回収が難しいと思われる場合には、資産性が乏しいので資産勘定から差し引いて実質的な資産を再評価します。未払金については、代表者や家族から借用したものであれば、代表者等借入れと同様に負債性のないものとして、実質的な自己資本として評価できます。

オ　役員報酬

代表者の報酬額が適正かどうかを確認します。何千万円も計上していれ

ば、多すぎるのではないか、逆に、数百万円程度であれば、代表者家族の生活状況を検証する必要があります。代表者以外の役員については、代表者との関係、報酬額を確認します。代表者家族以外に高額の報酬を受けている人物がいれば、「どのような人物か」「実質的な経営者ではないか」といった調査をします。

カ　賃貸物件

物件の所在地だけではなく、貸主の名前や賃借料が掲載されているので、「賃貸借契約書」を確認しなくても概要を把握できます。

(3)　「法人事業概況説明書」

企業概況が一目でわかる資料です。どこまで詳細かつ正確に書かれているかは企業によって異なりますが、審査担当者が知りたい情報が掲載されています。決算期の月別の売上金額も記載されているので、売上帳の代わりとしても有用です。

〈主な掲載項目〉

- ・事業内容
- ・支店、子会社の状況
- ・役員、従業員の人数および構成
- ・経理状況、担当者名
- ・事業内容
- ・主な設備
- ・加入組合等
- ・年間の月別売上金額、外注費、人件費等

② 個人企業の確定申告書の見方

法人企業に比べて情報量は少ないですが、個人企業の確定申告書にも、審査に重要な情報が記載されています。個人の確定申告書にはいくつかの種類があり、サラリーマンでも複数の収入がある場合や医療控除を受ける場合などに確定申告をする場合があります。ここでは事業者専用の「青色申告」について解説します。

(1)　青色申告の仕組み

　青色申告は、事業実態を正確に把握するために、事業のお金の動きを「帳簿」に記載することが求められます。その代わりに、所得から差し引かれる特別控除の付与や過去の損失を繰り越し控除できるなどの特典があります。

　ちなみに、簡易簿記を記載する場合は一律10万円の控除が、複式簿記を記載し貸借対照表を作成する場合は55万円（65万円）^(注)の控除が認められています。青色申告でない場合は、青色申告のような帳簿記載は求められませんが、特別控除等の特典は一切ありません。

> （注）　2020年分の所得税確定申告から控除額が変わりました。基礎控除額が38万円から48万円に引き上げられたことに伴い、青色申告特別控除額が65万円から55万円に引き下げられました。ただし、e-Taxによる申告（電子申告）または電子帳簿保存を行う場合は、引き続き65万円の控除が受けられます。

〔参考〕

　法人の決算書の損益計算書に相当する部分は、横長の3ページ目まで、貸借対照表は4ページ目に記載されています。

1ページ	損益計算書（青色申告でない場合は「収支内訳明細書」が記載されます）
2ページ	月別売上金額、仕入金額、給料賃金の内訳、専従者給与の内訳など（法人同様に「月別売上げ」がわかります）
3ページ	減価償却費の計算、利子割引料の内訳、地代家賃の内訳など
4ページ	貸借対照表（12月末現在）（青色申告の特別控除55万円以上の企業は、貸借対照表の作成が義務づけられています。特別控除が10万円の企業については、貸借対照表等の作成がありませんので、原始資料等で確認するか（後述「Ⅲ－9　帳簿類や預金通帳などの見方」）、勘定ごとにお客様に聴き取りで把握してください）

　なお、法人の「別表」部分に相当する内容は、申告書A・B欄（縦長の表面と裏面の2枚）です。

A欄	・所得金額の計算書です（「申告納税額」欄の金額が最終の所得金額です）。 ・所得税の延納の届出（申告時に半額、5月末までに残額を支払う）の欄があります。
B欄	「所得の内訳」「雑所得」および「専従者名」「配偶者」等の欄があり、収入、家族状況の把握ができます。

(2) 青色申告書の利益

　損益計算書では特別控除後の金額が所得金額となっています。実際の利益を考える場合は、控除前の金額を計算してください。例えば、所得金額が50万円で、55万円の控除の場合は、実際の利益は105万円となります。

　なお、「専従者給与」は妻や子どもなどの家族に支払われる場合が多く、生活費の補填財源とみなすことができます。利益のなかに含めて、返済財源の一部として考えることもできます。

キーセンテンス

〈法人企業〉

【別表】

・別表一…所得金額の確認

・別表二…株主が誰か

・別表五（二）…納税の遅れの有無

・別表七…過去9年間の欠損の状況

・別表十六…固定資産の内容と減価償却の状況

【勘定科目内訳明細書】

・預金…取引先の銀行と口座の種類

・売掛金・買掛金…取引先名と不良債権

・借入金…借入先と借入金額（2期以上あれば返済元金も推定可能）
　　　　　金融機関以外の借入れおよび不自然な資金調達の有無

・雑勘定…資金の社外流出など、違和感のある勘定科目の有無

・役員報酬…役員報酬は適正か

・賃貸物件…賃貸借契約書を確認しなくても、賃貸料等の概要が把握
　　　　可能

〈個人企業〉

・個人の確定申告書にも、さまざまな情報が掲載

・特別控除のある青色申告（55万円（65万円）控除の場合は貸借対照表
　の添付が義務づけられる）と控除の特典がない白色申告の 2 種類

・青色申告の場合は控除金額を差し引いたかたちで所得金額が計上さ
　れているので、実際の利益は控除前の金額

実質自己資本の見方
──「貸借対照表（B/S）」の実態を知る

「Ⅲ-1　法人企業の決算書の見方」で貸借対照表（B/S）の分析の概略を説明しました。ここでは、「実質自己資本」の考え方を使ってB/Sの実態を分析します。

B/Sは、過去から現在までの資産と負債の蓄積状況を表しています。分析するときは、まず、自己資本がプラスかマイナスかを見ます。自己資本がプラスとは、過去から蓄積してきた利益を含む資産が負債を上回る状態（資産＞負債）であり、上回る金額が大きいほど企業の維持力や安全性は高くなります。一方、自己資本がマイナスとは、負債が資産よりも多い（資産＜負債）状態であり、企業の維持力や安全性は低くなります。繰越欠損について、「いつ発生したものなのか」「どのように補填されてきたのか」など、最近の採算状況も含めて確認することが必要です。

次に、決算書上の資産・負債金額が実態を反映しているかについて分析します。資産として計上されている売掛金のなかには、回収の見込みがない不良債権が計上されているかもしれません。一方で、代表者からの借入れのように、負債として記載されている借入れのなかには、実質的に返済の期限や義務がなく、自己資本とみなすことができるものもあります。

このように、「B/Sに記載されている資産や負債の数字を、実態に合わせてプラスしたり、マイナスしたりすることにより、実質的な自己資本額を把握する」ことが審査判断には欠かせません。

❶ 実質的に資産性がないもの（マイナスの評価）

⑴　過大な現金（月商の数倍ある場合は要注意）

現金・預金は流動性があるかどうかを見る場合に注目する勘定科目です。例えば、月商1,000万円の企業が、現金・預金を1,000万円もっていれば流動性が高く、資金繰りに余裕のある企業という見方ができます。現金・預金のほとんどが「預金」であれば、預金通帳や入出金明細書で実態を確認できます。

一方、100万円が預金で、900万円が「現金」となっている場合は注意が必要です。預金に比べて現金が多すぎるからです。小売店や飲食店などの現金商売を主体とする事業であれば問題はないかもしれません。それでも、スマートフォンやクレジットカード、交通系ICカードなどのキャッシュレス決済が主流になっている現代において、現金を多く保有する必要性は低下しつつあります。現金を直接確認するわけにはいかないので、現金出納帳などの補助帳簿から、本当に現金がそれだけあるのか、実態を確認することが必要です。

【事例】卸売業者O

　ある卸売業者の決算書を分析したときのことです。利益は少額で、借入金の返済元金を考慮すると資金収支は大きなマイナスでした。預金はほとんどありませんでしたが、なぜか月商を超える多額の現金が決算書に計上されており、不自然でした。

　経営者に聞くと「現金取引は、ほとんどありません。そんなに多額の現金があれば苦労はしませんよ」という回答でした。総勘定元帳を確認したところ、期中の動きはほとんどなく、年度当初の繰越額と年度末の残高は決算書の金額と一致していました。

　疑問に思って顧問税理士にヒアリングしたところ、「数年前にこの会社の決算を任されました。前の税理士からの引き継ぎがなかったため、以前の決算期の残高をそのまま継承しています」という回答でした。結果として決算書の連続性は保たれているものの、決算書の現金額と実際の現金額は一致していないことがわかりました。

　このケースでは、決算書には現金・預金が1,000万円計上されていましたが、現金900万円は実態がないので、現金・預金は、資産勘定から900万円を差し引いた100万円だとして再評価する必要があります。つまり、実質的な自己資本額は、実際の数字から900万円を差し引いた金額で評価することになります。

(2) 過大な売掛金（残高が月商の３倍以上の場合は要注意）

　売掛金は月商と比較して評価します。これは比率分析でいう回転率を見ることと同じです（前述「Ⅱ－４　効率性、生産性、成長性評価の留意点」参照）。売掛金以外の勘定科目についても、月商と比較することによって、簡便に数字上の問題点を明らかにすることができるので覚えておいてください。ほとんどの商取引では、商品やサービスなどを販売してから、その代金を回収するまでの期間は１か月から２か月程度です。もし、決算書に月商の３か月以上の売掛金があれば過大といえるので、その理由を分析しなければなりません。

　たとえば、月商が500万円で、売掛金が1,500万円の企業があるとします。売掛金1,500万円を月商500万円で除すと、売掛金は月商の３か月分となり、過大といえます。考えられる理由としては、「直近の売上げが大きかった」「取引の契約条件が変わった」「不良債権が含まれている」などが想定されます。もちろん、もともとの販売条件が３か月、４か月の場合もあるので、販売先との取引条件（毎月何日締めの何か月後何日支払なのか）を事前に確認しておきましょう。

　また、月商の３か月分の売掛金があっても、決算期末月の売上げが毎年1,500万円の場合は、そもそも当月の売上自体が平均の３倍と多いわけですから、問題はありません。ただ、月商や取引条件に変化がなく、ほかにも明確な理由が見つからなければ、売掛金に回収が困難な不良債権が含まれている可能性があります。不良債権は資産価値がなく、実質的に資産から除外して考える必要があり、評価が変わります。

　不良債権の代表的な見つけ方は、勘定科目内訳明細書に２期連続で同じ取引先企業名と同じ金額が掲載されている売掛金があるかどうかの確認です。仮に、取引先Ａ社に対して、前期末に987,654円の売掛金残高があったとします。もし、今期末も同額の987,654円が記載されていた場合は、１年たっても回収されていない可能性が高いということです。もちろん、前期の売掛金が回収され、今期に偶然同額の残高が残っているというケースもありますが、１円単位で金額が一致することはほとんどなく、不良債権と考えるのが

妥当といえます。

このようなケースを見つけた場合は、経営者に確認してください。本来、不良債権が発生した場合、適正な経理処理をすれば、決算書の売掛金からは除外されているはずです。ところが、資産や利益を実態よりもよく見せたいと考える経営者は、処理せずに残しておくことがあります。経営者から納得のいく回答を得られないときは、総勘定元帳で発生と回収の時期を精査することにより、回収が長期化しているのか、回収が不能なのかの判断がつきます。仮に、不良債権であることが判明した場合には、資産から差し引いて評価してください。

(3) 過大な在庫（不良在庫の有無）

決算書に粉飾がある場合、よく使われる勘定科目は棚卸資産です。決算書に棚卸資産についての詳細な勘定科目内訳明細書が添付されているケースは少ないうえ、審査担当者が実地調査で在庫を一つひとつ確認して明細書の内容を精査するのは困難です。棚卸資産に粉飾があるかどうかを調べるには、P/LとB/Sをリンクさせて、異常値の有無を確認するしかありません。

まず、月平均原価（月商の原価版のイメージ）の何か月分の在庫があるかを確認します。何か月分あれば適正といえるのかは、業種特性や企業の個別性を踏まえて判断します。たとえば、飲食店は生鮮食料品を中心に保存期間の短い在庫が多く、1か月分もあれば十分です。飲食店であっても、酒類等の長期保存可能な在庫が多いバーやスナック、マグロを一本買いして冷凍保存をしている寿司店などでは、月商に比べて在庫は多くなります。

一方、呉服屋の反物など、流行に左右されにくい商品を扱う店舗では在庫が多くなります。流行品を扱うような洋品店では、短期間で商品価値が下がりますので、在庫は少ない傾向にあります。在庫が多いと感じた場合には、不良在庫の可能性を検討する必要が出てきます。商品価値が減少しにくい貴金属を扱っている業者などは、安い時期に大量に仕入れておくなどして、在庫を1年分以上持っている場合もあります。適正な在庫の量は、業種特性に合わせて判断してください。

次に、今期の棚卸資産の金額を前期の金額と比較します。前期と比べて大

きな変動がある場合には、その理由を調べてください。棚卸資産の金額が減少していて（B/S）、売上げも増加していれば（P/L）、在庫整理による売上げの増加が考えられます。棚卸資産の金額が増加しているのに売上げに変化がない、あるいは売上げが減少していれば、在庫に資金が固定化されていると思われるので、資金繰りの悪化が懸念されます。売上げと棚卸資産の金額がアンバランスになっている場合は、架空計上や原価率の操作といった粉飾の可能性も考えられます。

(4) 経営者に対する貸付金、仮払金（回収可能性の有無）

　小企業の決算書でよく見かけるのは、経営者個人に対する貸付金です。「住宅を購入する際に、不足する資金の一部を会社が貸付けする」「子どもの結婚式や親の葬儀などの費用を会社が立て替える」など、経営者の個人的な出費を会社が補填しているケースです。また、会社の利益を出すために意図的に役員報酬を減らし、減らしたぶんを会社が経営者に貸付金というかたちで補っているケースもあります。経営者に対する貸付金が増加している場合は、一時的なものか、将来回収の見込みがあるかなどを分析してください。とりわけ後者の役員報酬減額分の補填のケースでは、回収を期待できないばかりか、さらに貸付金が増える可能性もあります。

　貸付金の利息が未収貸付金利息というかたちで計上されている場合も回収が難しいケースが多く、貸付金の金額と合わせて資産額から差し引いて評価します。なお、経営者に対する仮払金についても、先に支払ったかたちにしているだけで、実態は貸付金です。その後の回収がなければ、資産価値はないと考えて資産から控除して実態で評価します。

　このほかにも注意すべきケースがあります。経費として認められない交際費や会議費を貸付金で処理している場合です。経営者に確認し、「会社から借りた覚えはない」「税理士が勝手に貸付金として処理している」と答える場合は、使途不明で回収が難しいと判断し、資産価値のないものとして評価した方がよいと思います。経営者だけではなく、取引先や第三者向けの貸付金、未収金、仮受金、前払金等の資産勘定がある場合も、回収が可能かどうか、資産価値があるかどうかの確認が必要です。

⑸　固定資産の評価（適正な減価償却が行われているか）

　10万円以上の什器備品や自動車、機械、建物といった固定資産は減価償却費の対象になります。減価償却をわかりやすく簡単に説明すると、自動車を200万円で購入した場合、耐用年数を５年とすると、毎年40万円を経費として計上できるという制度です。経費が増えたぶん、課税対象となる利益が減少するので、税金の負担を軽減できるメリットがあります。

　ただ、利益額が少ない場合、欠損（赤字）にならないように、あえて減価償却費を経費に計上しない企業があります。これは、表面的な利益を増額するだけではなく、表面上の資産の増額にもなります。自動車の例でいうと、減価償却すれば、２年目は160万円（＝200万円−40万円）、３年目は120万円と資産価値が減少していきますが、償却をしなければ、決算書上の資産価値は200万円のままとなり、本来の資産価値（３年目なら120万円の価値）以上の資産があるように見せることができます。

　適正に償却をしていないことがわかった場合は、未償却分を差し引いて、実態の資産価値を評価してください。確定申告書の固定資産台帳を見れば、年度中の償却額と年度末の償却後の残高が記載されているので、確認することができます。新たな設備投資や什器備品の購入がない場合、２期分の決算書を比べてみて、固定資産額が減っていなければ、償却が適正ではない可能性があります。特に、何年も償却していない状態が続いている場合は、資産額を過大評価する可能性があります。

❷　実質的に負債性のないもの（プラスの評価）

　小企業では、短期的な資金繰りのため、経営者個人から借入れ（代表者借入れ）をすることがよく行われます。経営者やその家族からの借入金は、決算書上では負債ですが、所有と経営が一体化している小企業の場合、経営者個人の資産と会社の資産を一体と考えれば、実質的には出資金と同様の意味合いがあります。

⑴　代表者借入れ

　前述のように、過去の役員報酬の蓄積や相続した不動産といった個人資産

をはじめ、家族名義の資産も含めて相応の資産を保有している経営者は、銀行借入れではなく個人資産を取り崩して資金の手当てをすることがあります。会社の資金繰りに余裕がない場合は、経営者の判断で返済期限を猶予する、利息や元金の返済を免除するなど、銀行借入れに比べて弾力的に対応できるからです。

(2) 役員報酬の未払金

経営者の役員報酬を未払金に計上し、資金繰りにまわす方法です。役員報酬を経費として支出せず、そのお金を運転資金として使うのです。このとき、役員報酬が入らない経営者の生活費はどのように補填されているのかを確認しましょう。資産を取り崩して対応できていれば問題ありませんが、経営者自身が個人的な借入れをしている、もしくは前述のように会社からの貸付金で補填している、といった場合は慎重な検討が必要です。

(3) 支払猶予のある買掛金勘定

買掛金が膨らんでいても、支払を待ってもらえることがあります。この場合は、必要に応じて仕入先企業の評価を行い、支払猶予の可能性を検討します。仕入先が経営者の親族や関連会社などのケースでは、実態として負債性がないとみなせる場合があるかもしれません。

③ 資産の含み益（含み損）

動産や不動産などの資産について、実際の価格（時価）と決算書の価格（簿価）との間に、乖離がないかを調べてください。実際の価格が決算書の価格より大きい（時価＞簿価）場合には「含み益」があるといえます。逆の場合は、「含み損」があるといえます。

(1) 土地の評価

不動産を購入したあとに価格が大きく上昇したり、下降したりすると時価と簿価の差額が大きくなります。自己資本がマイナスであっても、含み益を考慮すれば、プラスになる場合があります。逆に、含み損になっている場合は、決算書ではプラスでもマイナスに転じる場合もあります。特に不動産は高額なので、時価で評価をして、実質的な資産価値を算出してください。

たとえば、1,000万円で購入した土地の時価が5,000万円となっていれば、土地の含み益は4,000万円あることになります。逆に5,000万円で購入した土地の時価が3,000万円になっていれば2,000万円の含み損があることになります。この差額を考慮することにより、実質的な自己資本額は変わってきます。

(2) 有価証券、ゴルフ会員券、リゾート会員券などの評価

　基本的には土地の評価と同様ですが、不動産に比べて変動が大きいので、評価にあたっては、実際の価格（時価）よりも低めに評価することが一般的です。特に、株式や社債等の有価証券は、銘柄や満期などにより時価が日々大きく変化するので過大評価とならないように注意が必要です。さらに、ゴルフ会員券やリゾート会員券については価格だけではなく流動性（買い手がすぐに見つかるかどうか）も考慮してください。

　以上のように、貸借対照表の数字は、実質で評価してください。実質を評価すると、決算書の数字からは想像できない企業の実態が表れることも少なくありません。決算書の数字に含まれる事実をどれだけ明らかにできるかという点に、審査担当者の力量が試されます。

キーセンテンス

★貸借対照表（B/S）の数字を表面的に見るのではなく、実質の数字を探ることが大切。

　　資産や負債の数字を、実態に合わせてプラスしたり、マイナスしたりすることによって実質自己資本を把握する。

1　資産性がないもの
　(1)　過大な現金（月商の数倍もある場合は実体がない可能性が高い）
　(2)　過大な売掛金（月商の3倍以上あるものは注意）
　(3)　過大な在庫（不良在庫はないか）
　(4)　経営者への貸付金、仮払金（回収の見込みがあるのか）
　(5)　固定資産評価（減価償却が適正に行われているか）
2　負債性のないもの

⑴　代表者借入れ

　　⑵　役員報酬の未払金

　　⑶　支払猶予のある買掛金

　3　含み益（損）があるもの

　　⑴　土地の評価

　　⑵　有価証券、ゴルフ会員券、リゾート会員券などの評価

Ⅲ-4 売上げの分析

　借入金の返済財源は基本的に利益であり、企業がどのくらいの利益を上げているのか、利益で借入金を償還する（利益償還する）にはどれだけの売上げが必要なのかを、知っておくことは重要です。利益の源泉は売上げですから、売上げの動き、とりわけ足元の売上げの動きを分析することは、現況を知るうえでも、今後の見通しを立てていくうえでも重要です。

❶　現状と将来の見通し

⑴　年間売上げの分析

　売上げはトレンドで見ることがポイントです。前年度との比較はもちろん、前々年度等、多期間の比較をすることにより、売上げのトレンドが見えてきます。

　右肩上がりであれば、「売上げが好調な理由は何か」「今後も継続して増加が見込めるか」を確認します。右肩下がりの場合は、「売上げが不振な理由は何か」「今後の回復が期待できるか」を調べてください。上下に波がある場合は、その理由と今後の展開について検討します。お客様に原因や見通しを聞き、その裏付けとなる契約書や帳簿などを分析して、今後の見通しを判断します。

【事例1】建設業者N

> | 担当者 | 「2期分の決算書を拝見しましたが、今年度は、昨年度に比べて大幅に売上げが減少していますね。何か特別な理由はありますか」
>
> | お客様 | 「当社は、大手ゼネコンの下請けで、大型マンションの建設現場が主体です。工期が長く、年をまたぐような長期の工事が多いのが特徴です。1年から2年かかるような工事もあり、手付金や中間金での売上げもありますが、ほとんどは建物完成後の

売上げとなります。今年度は仕掛工事が中心で、大幅な売上げの減少となっています。ただ、来年度は今年度の仕掛分が売上げに計上できるので、昨年度並みに回復すると思います。今年度は裏年（売上げのない年）に当たり、来年度が表年（売上げのある年）と、交互に売上げの高低が出てきますので、つなぎ資金が必要です。来年度の売上げで返済できるので、短期の融資をお願いしたいと考えています…」

　【事例1】のように、建設業の場合、大口工事が中心で、1年を超えるような仕事をしている企業は、1年目の売上げがほとんどなく、翌年度に一挙に入金されるというケースがあります。

(2)　月別売上げの分析

　年間の売上げに加えて、月別の売上げにも着目してください。まず、1年間の売上げを月ごとに書き出してみます。これにより、月別の売上げの動きがわかります。なかには、季節変動が大きな企業もあります。例えば、学校の制服を販売している企業の場合、毎年3月、4月に売上げが集中し、それ以外の月の売上げが少なければ、納得感があります。このケースでは、どのくらいの数の学校と取引があるのか、継続受注は見込めるのか、正社員数が少ない場合は繁忙期の人手の確保はどうしているのか、繁忙期以外の月はどのような営業活動をしているのかといった点が審査のポイントになります。

　次に、足元の売上げを分析します。たとえば、直近3か月、あるいは6か月の期間について、前年同期と比較します。決算期が3月末の企業で、4月の売上げが300万円、5月が400万円、6月が500万円の場合、3か月間の売上合計は、1,200万円です。前年の売上げが、4月が250万円、5月が300万円、6月が450万円であれば、売上合計は1,000万円となります。第1四半期の売上合計を前年同期と比べると、1,200万円÷1,000万円－100％で、20％増加しています。前期と前々期の決算書の売上増加率が10％だとすれば、今期は前期以上のペースで売上げが増加していることがわかります。

	4月	5月	6月	計	四半期増加率
今期	300万円	400万円	500万円	1,200万円	120%
前期	250万円	300万円	450万円	1,000万円	

　逆に、今期の上半期の売上げが1,600万円で、前年同期の売上げが2,000万円とすれば、今期は前年同期比で20％の売上減少となります。前期と前々期の売上減少比が10％とすれば、今期は、前期以上に売上げの減少が続いているということになります。

　融資を希望する企業には、必ず理由があります。経常資金が必要といっていても、実際には、赤字補填や資金繰り補填のための資金であることは少なくありません。2期分の決算書を見て、売上げに変化がなく十分な利益を計上していれば、問題のない企業として前向きに融資を検討すると思います。一方、直近の試算表の売上げが大幅に減少している、利益が半減しているなど、業績の悪化が顕著なケースもあります。決算から半年以上経過している場合には、試算表を提出してもらうか、作成していなくても、直近の売上げの動きは最低限確認すべきです。

　売上げのほかにも、「預金残高が少ない」「税金の支払が遅れている」「取引先への支払が実行されていない」など、不自然な動きがある場合は詳細な分析が必要です。足元の動きを把握する習慣を身につけるようにしてください。

　次ページの【事例2】をもとに、一緒に考えていきましょう。

【事例２】企業Ｂ

（単位：万円）

	前々期		前期		試算表（当期９か月）	
１月	1,150		1,050		650	
２月	950		850		400	
３月	1,250		1,150		900	
４月	1,100		1,050		800	
５月	1,100	9,900	1,050	9,000	800	6,300
６月	1,150	(@1,100)	1,100	(@1,000)	750	(@700)
７月	1,150		950		700	
８月	950		750		500	
９月	1,100		1,050		800	
10月	1,100		1,050		－	
11月	1,200		1,100		－	
12月	1,600		1,450		－	
年間売上合計	13,800		12,600		見込み 8,820	
月商	(@1,150)		(@1,050)		(@735)	

　上記のような売上げの企業があったとします。前々期に比べて前期の売上げは、１億3,800万円－１億2,600万円＝1,200万円、前期比で約8.7％減少しています。月ごとの売上高を比較しても、どの月も一律に減少していることから、売上げの減少は一時的なものではなく、構造的なものと推測できます。着目すべきは、試算表の売上げです。当期の１月から９月の月平均売上げは700万円で、前年同期の1,000万円と比較すると３割減少しており、減少幅がさらに拡大していることがわかります。このように、直近の数字を前年同期と比較することにより、トレンドが見えてきます。

　この事例では、直近９か月間の売上げは6,300万円、前年同期は9,000万円ですから、前述したように、前年同期比で70％の水準（30％の売上減少）です。10月から12月の３か月の売上げが、直近９か月間の動きと同様だと仮定すれば、今期の年間売上見込みは、前年の売上高１億2,600万円×70％＝8,820万円になると推測できます。前期は10％程度の売上減少であったものが、今期は30％の売上減少と減少率が拡大しており、売上げの大幅な減少による資金繰りの逼迫が想像できます。このようなときには、今後の見通しを

踏まえ、融資によって資金繰りが改善するのか、融資によって返済負担が増え、資金繰りを悪化させることにならないかなど、さまざまな角度からの検討が必要になります。

② 事業や店舗ごとの売上構成比、収益力を考える

1つの企業が、「複数の事業」を営んでいたり、「複数の店舗（支店）」を展開していたりすることがあります。この場合、それぞれの事業や店舗ごとの「売上構成比」と「収益力」を把握することがポイントです。

事業や店舗ごとに売上げや収益を分けて決算書が作成されていれば問題はありませんが、全体を合算して作成されている場合は、事業や店舗ごとに分けて数値を算出しておのおの評価してください。

たとえば、精肉店を営みながら、焼肉店を併業している店があるとします。精肉小売業と飲食業が一体となったかたちで決算書が作成されている場合は、2つの事業を分けて評価してください。精肉店と焼肉店では、売上規模や原価率、運営経費が異なり、収益力にも違いが生じるからです。精肉店の売上げが1億4,000万円、焼肉店が6,000万円だとすると、総売上額は2億円になります。売上構成比は小売事業が70％、飲食事業が30％で、売上げで見る限り、精肉店が主力の企業ということがわかります。

次に利益に着目します。経営者に事業ごとの売上げと原価を聞き、粗利がいくらかを計算します。精肉店の原価が60％、焼き肉店の原価が30％とすれば、小売事業の粗利は5,600万円、飲食事業は4,200万円になります。

さらに、経費の大宗を占める人件費と家賃に焦点を移し、家賃が月○○万円、人件費は精肉部門○人、飲食部門○人、共通人員○○人、合計○○人で一人当たり給与○○万円というように、それぞれの経費を算出します。残りの経費についても、区別できるものは区分します。どうしても明確に区分できない勘定は、事業ごとに按分するなどして概算で算出します。個別の数字がわからない場合には、経営者にヒアリングして、原価、経費、利益を把握してください。大雑把な数字でもかまわないので、営業利益を計算してみます。

計算の結果、全体の利益はプラスでも、原価率の高い小売業の利益はわずかで、飲食店の利益がほとんどを占めるという実態が表れるかもしれません。これらの数字の把握は、経営に不可欠なことであり、事業ごとに、どのくらいの利益が出ているのかを経営者が知らないとすれば、問題といえます。

複数の店舗がある場合も同様です。店舗によって売上げは異なるはずですから、店舗ごとの売上げ、利益を把握してください。旗艦店はどこか、それ以外の店舗の売上げや採算状況はどうなのか、もし旗艦店の売上不振や不採算店舗があれば、今後の対策等も含めた分析が必要です。

たとえば、支店が3店舗、本店を含めて合計4店舗を展開するコンビニエンスストアがあるとします。全体の売上げが1億円で、本店が3,000万円、A店が2,500万円、B店が2,500万円、C店が2,000万円の売上げだとすると、売上構成比は本店30%、A店25%、B店25%、C店20%となります。最も売上げが大きな店舗は旗艦店である本店であり、C店の売上げが少ないことがわかります。

	本店	A	B	C
売上げ	3,000万円	2,500万円	2,500万円	2,000万円
構成比	30%	25%	25%	20%

仮に4店舗の利益の合計が400万円とします。すべての店舗が黒字であれば問題はありません。けれども、1億円の売上げに比べると全体の利益額が小さい印象があり、どこかの店舗が赤字で、それを他の店舗がカバーして最終的に400万円の黒字となっている可能性が考えられます。最も売上げの少ないC店が不採算店で、それを本店がカバーしているのか、あるいは、売上げは小さいながらもC店は黒字で、実はB店が赤字なのかもしれません。

各店舗の利益状況がわかる資料を提出してもらい、店舗ごとの採算性を算出してください。仮にB店やC店が赤字であれば、どのように立て直していくつもりなのか、あるいは閉店を考えているのかなど、経営者に意見を聞きながら、今後の見通しを評価しましょう。

事業や店舗ごとに利益がどのくらい出ているかを知ることができれば、それが企業全体としての実態、維持力の把握につながります。正確な数字がわからなくても、概算を把握できれば十分です。ただ、どうしても利益額がつかめない場合には、売上げの動きだけでも個別に把握するようにしてください。利益の源泉は売上げであり、売上状況から利益の動向を推測することもある程度は可能です。

キーセンテンス

1　足元の売上げの動きを分析する

　⑴　年間売上げの分析

　　　3期分の決算書で、売上げのトレンドを把握する（右肩上がり、右肩下がり、変動型）。

　⑵　月別売上の分析

　　・月別に売上げ（12か月）の数字をつかみ、季節変動等を確認する。

　　・直近の6か月の売上げを前年同期と比較し、今後の見通しを検討する。

2　事業（店舗）ごとの売上構成比、収益力を考える

　　複数の事業・店舗がある企業は、事業・店舗ごとの売上げ、収益力を分析する。

Ⅲ-5 実質利益の見方
――「損益計算書（P/L）」の実態を把握する

「Ⅲ-3　実質自己資本の見方」で貸借対照表の実態をつかむ方法を説明しました。損益計算書も同様に、実質利益（利益の実態）を明らかにすることが求められます。

本節では、利益（欠損）が出ているようでも、実態は欠損（利益）となっているケースを取り上げ、P/Lの実態を見る方法について解説します。

① 営業経費の内容を精査

(1) 減価償却費

「販売費および一般管理費」の欄の減価償却費に着目します。減価償却費は、固定資産の取得価格と耐用年数に応じて毎年費用計上していくことが税法上認められています。減価償却費を経費として計上することにより、結果的に利益が減少し、税金を軽減できるメリットがあります。また、現金の支出を伴わない経費であり、実質の利益と考えることができます。

もし、減価償却費の記載がない、あるいは金額が過少である場合は注意が必要です。税金を軽減できるメリットがあるにもかかわらず計上しないのは、見た目の利益（見栄え）をよくしたいという経営者の思惑があるかもしれません。減価償却しないことで経費を減らし、そのぶん利益が出たように見せるということです。収支の観点からいえば、減価償却費相当分が利益に移るだけなのでキャッシュフローの実態は変わらないものの、金融機関や取引先などへ決算書を提出する必要がある企業にとっては、見た目の利益は重要です。赤字が黒字になるのであればなおさらです。固定資産の評価（Ⅲ-3の1(5)）で説明した方法で実態を確認しましょう。

(2) 役員報酬

経営者への貸付金（Ⅲ-3の1(4)）や未払金（Ⅲ-3の2(2)）でも解説したように、役員報酬が十分かどうかもよく分析しましょう。たとえば、経営者家族が4人の場合、役員報酬が300万円では、明らかに報酬不足です。月25

万円の役員報酬では（ここからさらに税金や社会保険料等を差し引かれるわけですから）生活費が足りなくなることは容易に想像できます。住宅ローンを抱えながら、返済負担に見合う役員報酬がない場合も同様です。年金や別途収入があり、役員報酬を低く抑えられる場合もあるかもしれません。ただ、毎期十分な額の報酬額を支払えないという点に注目すれば、企業収益力の限界が見えてきます。

　反対に、役員報酬を過大に計上し、経費を増やすことによって法人の利益を圧縮しようとするケースもあります。理由はさまざまですが、会社の利益として蓄積するよりは、個人の源泉徴収税額が多少高くても、役員報酬を高額にして、個人的な収入を増やしたいと考える経営者もいます。この場合は、法人の利益が小さくても、役員報酬を減額する余地があり、法人としての潜在的な収益力は高いとプラスに評価できます。

② 営業外損益および特別利益（損失）の内容を精査

　当期利益がプラスだとしても収益力に問題がないとは言い切れません。本来業務の利益である営業利益がマイナスで、営業外収入や特別利益で補填し、一時的に利益を計上している場合があるからです。たとえば、自動車事故による損害保険金収入、積み立てていた生命保険金の解約返戻金収入、立ち退きによる補償金収入など、いろいろなケースが考えられます。ポイントは、これらは「一時的な収入」にすぎないということです。営業利益が改善される見通しがなければ、来期は欠損となる可能性が高くなります。

　もうひとつ気をつけなければならないケースは、「債務免除益」のように、実際の金銭の動きが伴わない収入です。代表者からの借入れの返済を免除するケースが多く、帳簿上で負債と相殺されているだけで、実際の利益や金銭の動きはありません。たとえば、営業利益が赤字の300万円の場合、特別利益として500万円の債務免除益を計上できれば、経常利益は黒字の200万円となりますが、実際に現金の収入があるわけではないので、収益性を評価するときには、この債務免除益を除いて検討する必要があります。

　一方で、役員の退職金を一時的な営業外費用として計上するケースがあり

ます。未払金勘定に計上されている場合は、実質的な金銭の支出がないため、収益力はプラスに評価できます。このように経費の中味を精査し、営業外損益や特別損益なども考慮し、損益が一時的なものかどうかという視点で分析してください。

❸　売上高および売上原価の内容を精査

上記のほかに、売上高や売上原価にも含みがないか精査する必要があります。たとえば、売上げが過大、過少計上されていないのか。この点については、後述「Ⅳ－8　定性分析と定量分析とのリンク」で説明します。

売上原価については、業種や業態によって、おおよその原価率の平均値が公表されていますので、後述の「コラム③」を参考にしてください。それと比較して極端に大きい、小さいがあれば、帳簿や請求書、領収書などの原始資料を使って詳しく調べる必要があるかもしれません。

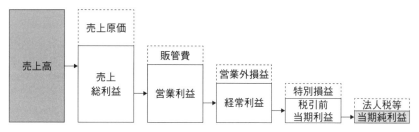

> **キーセンテンス**

★損益計算書（P/L）の数字も、貸借対照表と同様に表面的に見るのではなく、実質利益がプラスなのかマイナスなのか、実態の数字を探ることが大切

1　営業経費の内容を精査

⑴　減価償却費…適正に計上されているか

⑵　役員報酬…過大、過少ではないか

2　営業外損益および特別利益（損失）の内容を精査
　　債務免除益等の一時的な大きな収入・支出に着目する。

3　売上原価に着目

　業種ごとの原価率を頭に入れておく。

┤ コラム③ ├

業種ごとの原価率

　以下の内容は、日本政策金融公庫総合研究所「小企業の経営指標調査」の結果（2017年度「情報通信業、運輸業、卸売・小売業、飲食店・宿泊業、医療・福祉、教育・学習支援業、サービス業」、2018年度「建設業、製造業」）を参考にしています。業態によっても変わる場合がありますので、目安として考えてください。

業種	原価率	コメント
製造業	約60%	原材料費がかかるので、原価率は通常50%以上の値になります。外注費などがあると高めの数字となります。
卸売業	約70%	商品を動かすことにより利ザヤを稼ぐ業態であり、一般的に仕入値が高く、利益は薄くなります。 売上げを大きくしなければ利益が増やせないため、売上金額は他の業種に比べて大きくなります。
小売業	約60%	不特定多数のお客様を対象にした現金商売が中心です。卸売業ほどではありませんが、もともとの仕入値が大きいので、原価率は60%程度になります。セールなどの割引をしていくとさらに原価率が上がります。
運輸業	約50%	減価償却費が含まれている場合は、さらに原価率が高くなる場合があります。その場合は、実質的な償還財源があり、実際の利益以上に余裕があるという見方ができます。 また、車両費等の固定費、それを動かす人員確保のための人件費等、営業経費が高くなることが多くなります。
飲食業	30-35%	原価率は通常は30%といわれています。バー、スナック等は10%程度、寿司、ステーキ店等材料費がかさむ

		ところでは40％以上と、業態によって幅があります。店舗経費や人件費等の固定費の支出が大きくなります。不特定多数のお客様を対象にしているため競争は激しく、安定した顧客の確保が課題となります。
その他の業種	－	建設業やサービス業のように、個々の業態により原価がさまざまなケースがあります。たとえば、建設業でも工務店の専属外注先で「一人親方」と呼ばれている方は、労務提供のみであり、原価率はかなり低くなります。請負契約のかたちを取っていても二次、三次下請けの場合は、材料支給のかたちを取ることが多く、原価が0の場合も少なくありません。 サービス業でも士業と呼ばれる専門家（弁護士、税理士、司法書士、社会保険労務士等）の多くは原価率が低くなります。

Ⅲ-6　利益償還と資金繰り償還

1　利益償還の考え方

　損益計算書で、借入金の利息は営業外費用に計上するのに、元金を計上しないことに違和感を覚えたことはありませんか。元金は、損益計算書ではなく、貸借対照表の負債勘定にある借入金から控除します。

　それでは、元金を返済するお金の財源は何でしょうか。主な財源は利益です。利益を分析するときには、元金の返済財源になるという点を考慮して十分な利益があるかどうかを評価することがポイントです。元金を利益で返済することを「利益償還」といいます。利益は収益から費用を差し引いたものです（利益＝収益−費用）。収益には売上げのほか、営業外収益と特別利益が、費用には、売上原価と販売費および一般管理費、営業外費用、特別損失、法人税・住民税および事業税があります。

　元金の返済財源は、利益のほかに減価償却費を充てることができます。減価償却費は現金の支出を伴わない経費で、実質的な利益と考えることができるからです。したがって、利益に減価償却費を加えた金額から年間の返済元金を差し引き、これがプラスになれば利益償還ができると評価できます。

　この利益償還を可能とする値のことを、以下「利益償還力」といいます。

利益償還力＝利益＋減価償却費−（借入金等の）返済元金*

＊負債勘定に計上されている車両や機械のローンなど定期的に支払があるものも含めます。

　ただ、小企業においては、減価償却費が少額であったり、償却未了だったりする企業も少なくありません。利益償還力は、今後の返済力の方向性を見るもので、大きな数字で把握できさえすれば十分です。簡便法として、減価償却費を除いて分析する方法もあります。

> **利益償還力＝利益－返済元金**

　利益が返済元金を上回る場合、利益償還力はプラスになるので企業維持は可能という評価ができます。逆の場合、利益償還力はマイナスになり、返済財源をどのように確保していくのかの分析が必要です。

　たとえば、Ａ社は年間500万円、Ｂ社は1,000万円の利益を上げています。一見するとＢ社のほうがよい企業に見えます。ところが、Ａ社は借入金が0円、Ｂ社は年間2,000万円の元金の返済負担があるので、この点を加味すると、Ｂ社はＡ社よりも500万円多く利益を出していますが、Ｂ社は返済負担が2,000万円あるので、1,000万円の利益が出ていても、利益償還力はマイナス1,000万円です。Ａ社は借入れがないので、利益償還力はプラス500万円となり、利益償還力はＢ社よりもＡ社の方が高いという評価に変わります。

　このように、利益だけではなく返済負担も含めて評価しなければ、企業の実態を見誤ることになります。

② 利益償還力の計算手順

　繰り返しになりますが、利益から返済元金を差し引いたものが利益償還力です。利益は、決算書または試算表の当期純利益をベースに考えます。返済元金も同様です。ただ、決算書や試算表作成日以降に発生した借入金があれば、その返済額も考慮します。

　借入金額は決算書で把握できますが、返済元金は、他行分の借入明細書の提出を経営者に依頼してください。他行の預金通帳を見れば、借入れが何口あるか把握することができます。

【事例1】 G社——借入状況表の作成

借入明細書から、下記のような借入状況表を作ります。

○○年△△月（調査日現在） （単位：万円）

借入先	借入時期	借入金額	借入残高	返済元金(注)	保全状況
A銀行	○年△月	5,000	1,000	@100	H県保証協会
A銀行	○年△月	2,000	1,800	@40	無担保
B銀行	○年△月	3,000	2,000	@50	H県保証協会
C銀行	○年△月	1,500	600	@30	H県保証協会
D信用金庫	○年△月	1,000	800	@20	無担保
Eファイナンス	○年△月	1,000	790	元利@21	不動産担保
Fオートローン	○年△月	300	110	元利@9	無担保
代表者	○年△月	3,500	2,000	－	
合計		17,300	9,100	@270	

(注) 毎月の返済元金です。元利均等返済の場合も、簡便に、利息も含めた毎月の返済金額を元金とみなして計算します。

　G社は調査日現在で、9,100万円の借入残高があり、毎月の返済元金は270万円です。利益償還するには年間で3,240万円（＝270万円×12か月）の利益が必要です。決算期の利益が1,000万円の場合、利益償還をするには2,240万円不足します。この不足分をどのように補うのか、「当面の資金繰りの見通しはどうか」「今後の利益はどうか」など、経営者に確認しながら返済の見通しについて検討します。返済元金と利益との乖離が大きければ、利益が改善する見通しについて評価してください。

③ 資金繰り償還

　利益償還が難しい企業は、利益改善の見通しについて具体的な対策が必要です。利益を出すためには、売上げを伸ばすか、原価を引き下げるか、経費を節減するかのいずれかしかありません。

　原価率を引き下げる余地があれば、まずはそこから着手するのが近道です。ただ、原価率を下げるには、現在の仕入先に価格の引き下げを依頼する

か、さもなければ、同じ品質を維持し、安定的に供給してくれる低価格の仕入先を新たに探すことが必要です。いずれも、小企業にとってはハードルの高い対策といえますので、原価率は現状維持を前提にして考えた方が無難です。

　次に、経費の削減については、人件費や家賃といった固定費のウエイトが高い小企業においては、利益を出すためにできる限りの経費削減を行っている企業がほとんどなので限界があります。とすれば、改善の余地があるのは、売上げの増加に向けた取組みしかありません。売上増加の見通しを経営者から聞き、実現可能性を検討しましょう（後述の「Ⅲ－7　今後の売上見通しの把握」で詳しく説明します）。

　万が一、売上増加の見通しがない場合は、どうすればよいのでしょうか。理屈のうえでは、財源がないので返済できないということになりますが、実際は、預金を取り崩したり、金融機関から借入れをしたりして返済します。これを「資金繰り償還」といいます。

　本来、資金繰り償還とは、借入金を売掛金の回収金で返済することを指します。たとえば、売掛金の回収日が買掛金の支払期日よりも後ろにある（遅い）場合、つなぎ資金として短期借入金で買掛金を支払い、売掛金の回収金で借入金を返済することです。一方、設備や不動産などを購入するための長期借入金の返済は利益償還が原則です。ただ、小企業の場合は、売上げや利益の変動が大きいため、安定的に利益償還することが難しく、長期借入金を資金繰り償還に充当しているケースが多く見られます。

　利益の改善が見込めない企業でも、預金の取り崩しや借入れなどによって資金繰り償還ができる企業であれば、融資しても当面は期日どおり返済してもらえる可能性があります。分析にあたっては、まず、経営者が保有する預金や金融資産、不動産などの個人資産を評価します。個人資産が十分にあれば、その資産を背景に資金を調達し、返済元金の不足分を補填することが可能です。経営者名義ではなくても、身内や取引先などからの資金援助が得られる信用力があれば、それも評価します。

　次に、金融機関からの資金調達力を検討します。「信用保証協会の保証枠

は残っているか」「担保となる不動産を所有しているか」などを調査します。もっとも、連続欠損や大幅欠損などの状況にあれば、当面は資金繰り償還できたとしても、事業の継続性や再建可能性などを検討しなければなりません。なかには、資金調達力がないにもかかわらず、借入金の返済や諸経費支払などを期日どおり行っている企業があります。審査時点ではわからなかった簿外の売上げや別収入、隠れた支援先、未調査の資産があるかもしれません。

　小企業の資金収支を検討する場合には、個人事業であれば事業と家計の両面から、法人であれば法人と代表者の個人資産や別途収入の両面から評価する必要があります。決算書では赤字で債務超過であっても、経営者の個人資産や別途収入がある場合には、実態はプラスと考えられる場合もあります。

【事例2】 Y企業──利益と資産の実態評価

法人の経常利益	▲500万円		法人の資産	▲2,000万円
代表者の所得	1,000万円		代表者の個人資産	5,000万円
合算した収入	500万円		合算した資産	3,000万円

　小企業の大半が赤字もしくは債務超過で営業をしています。事業部分だけを評価していては適正な融資判断ができません。実態を知るには、経営者の本音を引き出せる雰囲気をつくり、事業と経営者個人を合わせた全体の収入、資産の実態を把握することが肝要です。審査担当者として、「お客様のためにプラスになる情報を集めている」という姿勢を見せて、協力してもらうことが大切です。

1 利益償還

・利益だけに着目するのではなく、返済元金を加味した利益償還力を考える

利益償還力＝利益－返済元金

・利益償還できるのが理想だが、現実的には難しい。利益と返済元金の乖離が大きいときは、今後の見通しも含め、慎重な検討が必要

2 資金繰り償還

・小企業の大半は資金繰り償還となっているため、経営者個人の資産・負債の実態把握が大切

・小企業の場合、法人企業の実態を把握するには、損益計算書の利益に経営者個人の所得を、貸借対照表に経営者個人の資産・負債を合算して評価する

〈審査判断の流れ〉

審査判断の流れを図式化すると、下記のようになります。

① 利益償還は可能か　　　　　　　　　　　YES　　　　　　　融資可

〈前提〉現状の収益力の維持可
（近い将来に悪化の見込みなし）

NO

② コスト削減（原価含む）による利益確保は可能か　　　YES　　　融資可

NO

③ 売上増加による利益確保は可能か

　ア　必要な売上額はいくらか
　　　（「利益償還に必要な損益分岐点売上高」の算出）

　イ　具体策はあるか　　　　　　　　　YES　　　　　　　融資可
　　　売上増加見通しの確実性＋企業の強み（単価、品質、サービス）

NO

④ 資金繰り償還は可能か　　　　　　　　YES　　　　　　　融資可
　金融資産、不動産等の個人資産＋資金調達余力

NO

⑤ 経営改善見通しが具体化しておらず、かつ当面の資金繰り償還も見込めない

再検討必要

Ⅲ-7　今後の売上見通しの把握

　利益償還をするには、必要な利益を生み出せるだけの「売上げの確保」が前提です。借入金の返済は将来にわたって行われるものですから、将来の「売上見通し」の検討もポイントになります。経営者の説明を鵜呑みにするのではなく、できるだけ具体的な数字を裏付け資料で確認してください。

　売上見通しの実現性については、次のA～Cの3つのランクに分けて考えてみます。

〈見通しの3ランク〉

Ⓐ　「発注書」や「契約書」等のエビデンス（証拠資料）があるか。

　→これらは有力な情報です。確実な売上見込みが立てられます。

Ⓑ　具体的な「取引先名」「商品名」「取引金額」「取引時期」などが、経営者自身の口から明確に語られるか。

　→エビデンスがなくても、話に具体性があれば、実現性が高いと期待できます。

Ⓒ　A、B以外のもの。

　→具体的な見込みとはいえず、実現性は低いと思われます。

　判断の見極めは「経営者が具体的な資料や数字を使って見込みを語れるかどうか」に尽きます。それができない場合は、実現性は低いといわざるを得ません。ⒶやⒷの場合でも、いわれたことを鵜呑みにせず、具体的な取引先名や数字での裏付けを取ることを忘れてはいけません。

　裏付けを取るには、まず、その企業の取引先をインターネットや信用調査機関（東京商工リサーチや帝国データバンクなど）の情報で検索し、どのような会社なのかを調べます。次に、その会社と取引を始める理由や経緯を経営者に聞き、「不自然さを感じないか」「納得できる内容か」「新たな取引に数字面での無理はないか」などを丹念にチェックしてください。

もうひとつ、裏付けの取り方があります。取引先企業に対する「自社の強み」の把握です。先ほど、売上げを伸ばすことが欠かせないと述べました。その際、既存の取引先から受注の増加が期待できるならば、実現性は高いといえます。すでに信頼関係と取引実績があるからです。それが難しい場合には、新規の取引先を増やすしかありません。ただ、新規の取引先を増やすのは容易ではありません。新規先にも、すでに取引している企業があるからです。既存の取引先に不満をもっているのであればともかく、そのようなケースは少数です。

　新規開拓で売上増加を図る戦略の場合には、新規先の企業に対して自社が「どれだけのメリットを与えられるのか」という視点で評価する必要があります。メリットとは自社の強み（特徴）です。これについては、後述の「Ⅳ－5　ビジネスモデルの把握③」で詳しく解説します。

【事例】弁当仕出し業者Ｂ

> 担当者 「売上増加の見通しがあるとのことでしたが、具体的な内容について教えてください」
>
> お客様 「当社は企業向けの給食や弁当の製造販売をしています。今回新たに大口の取引が始まることになりました。具体的には、Ｈ社の工場の昼食用の弁当の注文を受けたのです。1日200食と数が多く、新たに従業員を雇用する必要があるうえ、食材の仕入れや弁当容器、包装資材などの在庫も必要で、手持資金だけでは心配なので融資を申し込みました」
>
> 担当者 「それはよかったですね。まとまった注文ですから、確かに運転資金が必要ですね。ところで、大口の仕事が取れた経緯があれば教えてください。Ｈ社は、すでに別の業者と取引しているのではないですか」
>
> お客様 「いままでの業者とは長いお取引があったようですが、値上げの話があり、Ｈ社としては受け入れられなかったようです。急な話でお困りのところ、たまたまＨ社の総務の方が私どもをご

存知で、お声がかかったという次第です」

| 担当者 | 「それはよかったですね。H社の総務の方が御社にお声をかけたのには、どのような背景があったのでしょうか」

| お客様 | 「その方が、法事で私どもをご利用いただいたことがあり、低料金ながら丁寧な調理と味付けを気に入っていただいたようです」

| 担当者 | 「もう具体的な契約は結ばれているのですか」

| お客様 | 「契約はまだですが、他社と検討比較したうえで、当社の強みをわかっていただいており、話がまとまりそうです」

| 担当者 | 「単価はいくらですか。採算は取れそうですか」

| お客様 | 「1食500円の予定です。1日200食ですから、1日の売上げは10万円、月に20日利用していただくとして、月200万円の売上増になります。実は、現在の設備に余裕があり、新規の取引先を探していたところでした。新たな設備投資は必要ないため、1食当たり30%の利益率が見込めると判断しました。月60万円の利益が上がれば、人件費の増加分を差し引いても、十分採算が取れると考えています」

【概要】

・H社の新規取引先を探す条件とB社の強みが合致した。

・H社の担当者が個人的に利用したことがあり、B社のよさを評価してもらえた。

・製造余力があったため、規模の利益が見込め、単価を安くできる。

【評価】

　具体的な契約はされていないものの、話に具体性があり、受注の経緯も納得できる。企業としての強みも理解でき、採算見通しの実現可能性は高い。

　審査担当者は、「具体的に、どのような強みがあるのか」「経営者がどれだけ説得力をもって担当者に説明できるのか」という視点で話を聞きます。強

みも特徴もなく、「新規開拓を頑張ります」の一点張りでは実現可能性は低いと考えられます。利益償還が見込めず、改善見通しも具体的でないお客様に対しては、融資の再検討が必要です。

キーセンテンス

1 売上げを伸ばすために経営者がどのような戦略を考えているのか。

　ポイントは、実現可能性があるのかを、実証資料や数字の裏付けで確認できるかどうか。

2 売上見通しの実現性をA～Cの3ランクに分けて考えると整理がしやすい。

Ⓐ…「発注書」や「契約書」等のエビデンス（証拠資料）がある。

Ⓑ…具体的な「取引先名」「商品名」「取引金額」「取引時期」などが、経営者の口から明確に語られる。

Ⓒ…ⒶやⒷ以外のもの→具体的な見込みとはいえず、実現性は低い。

Ⅲ-8 利益償還に必要な売上高

前節で、売上増加見通しの実現可能性を判断する視点について述べました。ところで、実際にどれだけの売上金額があれば利益償還ができるのでしょうか。

毎月50万円の元金を返済しなければならない企業があるとします。この企業は年間で600万円以上の利益を出さなければ利益償還できません。600万円の利益を出すには、いくらの売上げが必要になるのでしょうか。

ここで役に立つのが、「損益分岐点売上高」の考え方です。損益分岐点売上高は、固定費（≒販売費および一般管理費）を賄うのに必要な売上高のことです。簡便的な計算方法は、以下のとおりです。

> 損益分岐点売上高＝（販売費および一般管理費
> ＋支払利息割引料－受取利息）÷（1－原価率）

次に、利益償還が可能な利益額を出すためには、どれくらいの売上げが必要なのかを計算をします。この際、「借入金の返済元金を固定費」とみなし、上記の販売費および一般管理費のなかに含めて計算します。以下、これを「利益償還に必要な損益分岐点売上高」と呼びます。

> ①…利益償還に必要な損益分岐点売上高
> ＝（販売費および一般管理費＋返済元金＋支払利息割引料－受取利息）
> ÷（1－原価率）
> ②…利益償還に必要な損益分岐点売上高
> ＝（販売費および一般管理費＋返済元金）÷（1－原価率）

①が原則的な計算式で、②は利息部分（支払利息割引料－受取利息）の計算を省略した簡便な計算式です。小企業の利息部分は少額であることが多いので、利息部分を省略しても大きな視点で売上見込額を見ることには差し支えないと考えられるからです。利息額が多く、損益分岐点売上高に影響しそう

な場合は、利息部分を加味するなど、臨機応変に対応してください。

　それでは、利益償還に必要な損益分岐点売上高を計算してみましょう。Ａ社は、支払利息割引料と受取利息は０円で、営業経費が1,200万円、原価率が70％、毎月の返済元金が50万円とします。Ａ社の損益分岐点売上高は、

> 損益分岐点売上高＝（1,200万円）÷（1 − 0.7）＝4,000万円

となり、借入れがなければ年間4,000万円以上の売上げを確保すれば利益が出ます。ただ、売上高4,000万円を確保できたとしても、借入金の年間返済元金が600万円（月50万円×12か月）であり、現状では利益償還力はマイナス600万円となります。

　次に、借入れの返済元金も含めた利益償還に必要な損益分岐点売上高を計算します。

　年間返済元金は600万円なので、

> 利益償還に必要な損益分岐点売上高
> ＝（1,200万円＋600万円）÷（1 − 0.7）＝6,000万円

となります。

　仮に、Ａ社の今期の売上高が4,800万円（損益分岐点売上高の120％）で原価率が70％の場合、原価は3,360万円（＝4,800万円×0.7）、販売費および一般管理費は1,200万円ですから、240万円の利益が出る計算になります。

　年間600万円の返済を利益償還していくためには、それでも360万円（600万円−240万円）の利益が不足します。この差額を確保するには、上記の利益償還に必要な損益分岐点売上高の計算どおり、年間6,000万円の売上げが必要となります。つまり、4,800万円の売上げをさらに25％増やさなければ利益償還はできないということです。

　売上げを25％増やすことは、簡単ではありません。経営者から「新規開拓に力を入れるので大丈夫です」という発言があるかもしれません。もし、25％という大幅な売上増加が融資判断のカギとなっているのであれば、新規開拓の実現可能性について裏付けが必要です。経営者の発言を裏付ける資料

の提出を求め、その資料を精査して評価してください。

　もし、裏付けが取れないまま、経営者の「頑張ります」という言葉を鵜呑みにして融資をしたとすれば、返済負担をさらに増やし、融資が倒産の引き金となるかもしれません。これはお客様のためになる融資とはいえません。

　このようなときは、前述の「利益償還に必要な損益分岐点売上高」の数字を使い、お客様に現状の問題点を具体的に説明してください。説明するときは、「事業を改善してほしい」「売上げを増やしてほしい」という前向きな姿勢と企業を支援したいという気持ちを忘れないでください。たとえば、「現状では融資することがかえって返済負担を増やし、経営を悪化させることになりかねません。経営課題の解決策を一緒に考えましょう」という親身な姿勢で説明してみてはどうでしょうか。

　具体的な数字を使って論理的に説明することにより、お客様と審査担当者との間で、客観的に経営課題を共有し、課題の解決策を検討することができます。事業性を評価した融資においては、それこそが基本なのです。お客様に十分に納得していただくこと、そのための説明には、お客様の立場に立って、お客様の気持ちを考えながら、かつ論理的に行うことが重要です。それができれば、今回の融資が難しいとしても、次の融資につなげることができるかもしれません。

▷ **キーセンテンス** ◁

1　利益償還に必要な損益分岐点売上高

　・黒字であればよいというものではなく、借入金の返済元金を償還できるだけの利益額を確保できているかが重要

　・利益償還に必要な損益分岐点売上高が確保できるかどうか

　　　利益償還に必要な損益分岐点売上高

　　　＝営業経費＋借入金の返済元金（年間）÷（1－原価率）

2　実際の判断

　・現在の売上げが利益償還に必要な損益分岐点売上高を下回っている場合、今後の改善見通しと資金繰り償還の可能性を調査する

- 利益償還ができない企業には融資ができないと考えるのは早計。小企業で利益償還ができるところは一握りであり、資金繰り償還の可能性を加味して判断することが大切
- 資金繰り償還が可能でも、改善見通しがない場合、無理な融資は倒産の引き金を引く可能性もある

コラム④

大きな数字で暗算をしながら、企業の実態を把握する

緻密な計算も大切ですが、細かな数字にとらわれず、大きな数字を使い、大きな視点から企業の全体像を把握するスキルも大切です。たとえば、決算書の内容については、まず損益計算書で利益の有無や多寡を確認し、売上金額から月商を算出します。次に貸借対照表の主要な勘定残高について、月商と比較し、残高が何か月分になるのか、異常値が見られないかを確認することにより、短時間で企業の財務内容と問題点を把握することができます。

月商は12か月で割らなければならないので、暗算が苦手な方は、とりあえず年商を10で割り、その数字に0.8を掛ける（1÷12＝0.83なので）と計算しやすくなります。仮に年商7,800万円だとすると、10で割ると780万円（≒800万円）、800万円に0.8を掛けると640万円となり、7800万円÷12か月＝650万円と近い数字になります。

このスキルは、限られた面談時間のなかで、経営者の頭のなかにある考え方を引き出し、一緒に考えていく場合にも役立ちます。たとえば、今後の売上予想として、商品単価と販売ロットを聞き出した場合、すかさず、大きな数字に置き換えて計算（暗算）してみてください。たとえば、現在1億円の年商がある企業が、今後は、単価1万8,000円で1,200個分の売上増加を見込めるといわれたとします。計算すると2,160万円になります。これを、単価2万円で1,000個と大きな数字に置き換えて、暗算すると2,000万円と概算できます。実際には、160万円の差がありますが、ここでは厳密な数字は不要

です。お客様に対して、「いまよりも、およそ2,000万円、2割の売上増加が見込めるのですね」と、伝えることが大切なのです。

　もちろん、時間をかけて、精緻な数字を求め、緻密な分析が必要な場合もあります。ただ、精緻さを追求するあまり、「木を見て森を見ず」になることもあります。精緻な数字が必要な場面なのか、短時間で大雑把な数字で概観をつかむことが求められる場面なのか、臨機応変に判断して、使い分けてください。まず、計算機に頼らず、暗算で計算するクセをつけてください。そのためには、細かい数字ではなく、常に大きな数字（十万、百万、千万円単位）で、全体像をつかんでいく習慣を身につけてください。

Ⅲ-9　帳簿類や預金通帳などの見方

　税務署の職員が調査に入る場合、最も重要視するのが原始資料だと聞いたことがあります。原始資料とは「真実の事実関係を示す、信憑性があり、それに細工をすることが困難と考えられる資料」です。契約書や請求書等の伝票類、それに基づいて作成された帳簿類等が該当します。

　金融機関の審査担当者が、税務調査のように伝票類を一つひとつ確認することは難しいと思いますが、お客様の了解を得たうえで、総勘定元帳や預金通帳などを確認することは可能です。これらも情報の宝庫であり、多くの疑問点を明らかにできます。

　ただ、個人企業の場合は、総勘定元帳を作成していないケースがほとんどです。代わりに、日々のお金の出入りを記載している帳簿や現金出納帳、銀行の入出金明細書などを活用してください。

❶　総勘定元帳の見方

　総勘定元帳は、決算書の信憑性を確認する資料として活用できます。取引の長いお客様ならともかく、新規のお客様については、決算書に偽造や粉飾がないかどうかも確認が必要です。総勘定元帳と決算書の数字が一致すれば、その決算書は正しいもの、信憑性の高いものと判断できます。

　総勘定元帳まで偽造されていれば別ですが、そこまで巧妙に偽造するケースはほとんどありません。元帳には日々の取引が記載されており、毎日の動きを勘定ごとに、しかも複式簿記のルールに従って正確につくることは、手間のかかる作業です。それだけの時間と費用をかけて偽造や粉飾をするのは容易ではないからです。

　総勘定元帳と決算書の一致を確認するには、どこを見ればよいのでしょうか。すべての数字を突き合わせるのは、それこそ大変な作業です。まず、損益計算書については、売上げの数字が総勘定元帳と一致していることを確認します。総勘定元帳の売上欄を見て、月別売上げの合計額が決算書の売上金

額と一致していることが確認できればよいでしょう。次に、貸借対照表については、主要な勘定科目（現金・預金、受取手形、売掛金、支払手形、買掛金、借入金等）の残高と総勘定元帳のそれぞれの科目の期末残高を突き合わせてみます。元帳の一時点を切り取ったものが決算書ですから、元帳の数字と決算書の数字は一致するはずです。各科目の数値が一致していれば、大きな問題はないということになります。

② 預金通帳（当座勘定照合表、入出金明細書）の見方

　預金通帳（インターネットバンキング等を利用していて通帳不要としている場合は入出金明細書）は、銀行借入れの返済状況を確認できるだけではなく、取引先との入出金状況や諸経費の支払状況などを見ることもできます。決算書は決算期末一時点の静態的な情報ですが、預金通帳はリアルタイムの動態的な情報なので、足元の業況やお金の動きがわかります。

　いまどき「預金口座取引がない企業はない」といって差し支えありません。もし、「口座はあるけど、すべて現金取引だ」といわれた場合は、慎重に構える必要があります。事業をしていながら公共料金等の支払まで現金払いにすることは不自然であり、実態がつかめない不透明な企業である可能性が高いと考えられるからです。

　もっとも、飲食店や小売店のように現金取引主体の商売も少なからずありますので、その場合は日々の現金の動きを記録した「現金出納帳」を確認してください。現金出納帳がない場合は、売上ノートやレジのレシートなどを見ることで、日々の現金の動きがわかります。たとえ決算書や試算表のない個人企業でも、預金通帳や現金出納帳の毎月の入出金の金額を集計すれば、おおよその実態がつかめます。

　それでは、預金通帳（入出金明細書）の具体的な見方について順を追って見ていきましょう。鉛筆やマーカー等での書き込みが必要な場合は、お客様の了解を得て、通帳をコピーして進めてください。

(1) 通帳の残高を意識しながら、全ページを眺める

　ポイントは、平常時の残高水準と変動の大きさです。残高が多く、変動が

小さければ資金繰りに余裕があるといえます。この場合、銀行返済や諸経費などの支払状況は問題ないはずです。

　逆に、残高が少なく、変動が大きい場合は、資金繰りに余裕がない状況です（入金後、支払のための他の口座に移すような場合もあるかもしれませんが、右から左へと即日にお金が出ていくなど、支払に忙しい場合は注意が必要です）。

　このようなケースでは、仕入代金や諸経費などの支払状況も確認しながら、慎重に分析します。

(2)　通帳の「各月末の行」にアンダーラインを引く

　月ごとのお金の動きを意識するのが目的です。月末の残高金額を比較して、特に大きな動きがあった月に着目します。変動が大きいということは、その月の入金と出金のバランスが崩れているわけですから、その理由を確認します。「一時的に大口の入金もしくは出金があった」「銀行から融資金の入金があった」など、平常時にはない高額なお金の出入りがないかを確認してください。

　個人名での、10万円、100万円単位のラウンドナンバー（キリのよい数字）の金額による入出金の動きについても注意します。高利の借入金や使途不明の社外流出金の可能性もあります。取引先関係以外の大きなお金の動きがあれば、お客様に確認してください。

(3)　取引先からの入金額を月単位で算出する

　取引先からの日々の入金額をチェックし、入金額を月単位で合計します。このとき、取引先以外からの入金、たとえば、銀行の口座間の移動、個人による入金などとは区別します。仮に、すべての取引先からの入金が口座に入り、入金までの期間が1か月の場合、預金通帳の当月入金額と帳簿上の毎月の売上額とが、おおむね一致するはずです。試算表の作成がなく、帳簿がない場合でも、預金通帳を見れば、月ごとのおおよその売上額は把握できます。同時に、売掛金の回収の有無も確認できます。

【事例】 Z社の預金通帳

日付	摘要	お支払金額	お預り金額	（入金合計）
2020/10/5	振込	A社	865,000	
2020/10/10	預金機	スズキ（代表者）	500,000	
2020/10/20	振込	B社	238,000	
2020/10/30	借入金返済	100,000		
2020/10/30	振込	C社	167,000	
2020/10/30	振込	D社	358,000	
2020/10/30	振込	E社	152,000	1,780,000
2020/11/5	振込	A社	689,000	
2020/11/18	預金機	500,000	スズキ（代表者）	
2020/11/20	振込	B社	363,000	
2020/11/30	借入金返済	100,000		
2020/11/30	振込	C社	217,000	
2020/11/30	振込	D社	293,000	
2020/11/30	振込	E社	118,000	1,680,000

　取引先A～E社の口座への振込入金額（アミカケ部分）を合計すると、上記のように、10月は178万円、11月は168万円になります。

(4) 借入金の返済状況、仕入代金や諸経費の支払に遅延がないかを確認する

　銀行の返済をはじめ、家賃や光熱費などの定期的な支払が期日どおりに引き落とされているかを確認します。さらに、社会保険料や固定資産税、定期預金や生命保険などが定期的に引き落としされているのかも確認してください。

　以上のように、預金通帳からは、さまざまな情報を入手することができます。帳簿や売上ノート等がなくても、それに代わるものとして活用できるば

かりでなく、何よりも足元のお金の動きを把握できることは大きなメリットです。新規の取引先や業績に心配のある企業については、取引があるすべての金融機関の預金通帳や入出金明細書を最低6か月分は確認してください。

〔参考〕預金通帳の偽造に注意！

　預金通帳を偽造する場合も考えられます。特に、コピー機の性能の向上により、実物と見分けがつかないものも見られますので、注意してください。

・預金通帳はコピーしたものではなく、原則として、現物を確認する（コピーを持参された場合でも、現物もあらためて確認する）。

・実際の預金通帳を用い、記帳内容を偽造した（プリンターでニセの金額を印字した）ものもあります。

　銀行ごとに表記の仕方やレイアウトが異なりますので、数字のフォントが不自然なものや数字の動きなどの違和感があれば、慎重に検討しましょう。

❸ その他の主要勘定の資料

　個人企業や総勘定元帳の作成がない法人企業の場合には、下記の項目について、伝票や帳簿などの提出を依頼して確認します。

勘定科目	確認資料
売上げ	売上帳、売上伝票、請求書、見積書、契約書等
仕入れ	仕入帳、請求書等
現金	現金出納帳
預金	預金通帳、当座勘定照合表、入出金明細書等
受取手形	手形帳、手形の現物（手元にあるもの）
売掛金	売掛帳、請求書、見積書、契約書等
支払手形	手形帳、手形の耳（手形を切ったあとの半片）
買掛金	買掛帳、仕入先からの請求書等
借入金	借入金明細書

注：手形については、2026年に廃止の方向で検討されています。

　資料が不十分、また一部しかないお客様については、最終的に、聴き取り

により数字を把握するしかありません。その場合でも、いわれたことを鵜呑みにせず、取引条件や取引規模等から推察して、納得できる数字かどうかを判断してください。

▷ **キーセンテンス** ◁

1　総勘定元帳の確認
　・決算書の信憑性に疑義が生じた場合、決算書ではわからない1年間の数字の動きを知りたい場合は、総勘定元帳を見ることにより実態把握が可能
2　預金通帳の確認
　・預金通帳には主たる資金の動きが掲載されており、丁寧に見ることで企業の実態が把握できる
　・預金通帳の見方は次のとおり
　　①　預金通帳の残高を意識しながら、全ページをサーッと眺める。
　　②　預金通帳の各月末の行にマーカー等でアンダーラインを引く。
　　③　取引先からの入金額の月の合計を算出する。
　　④　月の返済状況・支払振りに遅延がないかを確認する。
3　総勘定元帳等がない場合でも、原始資料を集めて実態を探る努力を怠らない

実証資料がない場合は、聴き取りや推測値を活用

　多くの小企業は決算書や帳簿が十分に整備されていません。不足する部分は、聴き取りや公開情報などを駆使して、足りない面を補う努力をしてください。このようなスキルは、数字の信憑性を確認し、裏付けを取る場合にも有効です。

　聴き取りについては、経営者に実態を正直に話してもらえることが前提になります。審査担当者としては、経営者が真実を述べているのか、自分にとって都合の悪いことを隠していないかなどを見抜く目をもつことが大切です。

　決算書類が手元になくても、売上げを推測することは可能です。飲食店であれば、店内に入って席数を確認し、メニューから客単価を推測し、回転数を予測できれば、おおよその売上げが推測できます。

　　　売上げ＝客単価×席数×回転数

　まず、来店客が多く注文する特定の人気商品をベースにし、またメニュー全体から平均的な価格を考え、1人当たりの客単価を推測します。人気商品の単価が1,000円、あるいは単価700円から1,300円程度のものが主体であれば、それらを平均して客単価を1,000円と推測します。次に、席数を数えます。4人掛けのテーブルが5卓あれば20席。カウンター席があれば、それも加えます。店内をざっと見渡せば簡単に把握できます。その席に1日何人のお客様が座るかが回転数です。ランチタイムは単価を安くして回転率を上げ、ディナータイムは客単価を上げてゆっくり過ごしてもらう店が多く、たとえば、夜は1〜2回転、昼は2〜3回転というようなケースです。なかには、ラーメンやカレー専門店などではカウンター席のみで10回転から15回転するお店もありますので、業態により判断は必要です。ただし、4人掛けのテーブルを2人で使うような場合、客席の回転数は0.5回転になるので、客席が実際にどの程度使われるか（客席稼働率）も含めて考えることも必要です。

　具体的に、客単価が1,000円、席数が20席、回転数が2回転とすれば、1

日の売上げは40,000円。月に25日稼働とすれば、月の売上げは1,000,000円、年商は1,200万円となります。ランチタイムの客単価が1,000円、回転数が2回転。ディナータイムは客単価が2,000円、回転数が1回転とすれば、1日の売上げは、(1,000円×2回転＋2,000円×1回転)×20席＝80,000円。月の売上げは2,000,000円、年商は2,400万円となります。平日と休日でも客単価、回転数が異なる場合には、それぞれに分けて算出してみます。さらに、週末の金曜日と土曜日に来店客が集中する店の場合であれば、平日の5日間と週末の2日間に細分化して計算することで、より、実態に近い数字が求められるはずです。

　このほか、「間口が何間か…」を目測することにより、お店の広さをつかめれば、経営指標による「坪当たり売上単価」から売上金額を推測することも可能です（簡単に計測する方法については38ページ〔**参考2**〕を参照してください）。平均的な原価率や固定費比率が頭に入っていれば、大雑把ながら、利益の有無等の予測も可能です。

Ⅲ-10 個人企業審査の留意点

小企業の場合、法人企業も個人企業も審査の基本的な見方は、ほぼ同じです。ただ、「決算書」が作成されている法人企業に比べて、個人企業は貸借対照表の作成が義務づけられておらず、資産・負債状況の評価が難しいという課題があります。売上げや経費も含めて、事業会計と事業主の家計が混在しているため、事業の実態把握は一筋縄ではいきません。

たとえば、事業資金の借入れと経営者個人の住宅ローンがある場合、借入金残高や月の返済額を知りたくても、確定申告書を見ただけではわからないので、一つひとつお客様に聞く必要があります。ただ、すべてを正確に話してもらうことは容易ではありません。預金通帳の引き落とし状況から推測する方法もありますが、全部の預金通帳を見せてもらえないことも少なくありません。どれだけ実態に近づけるのか、個人企業の審査は、審査担当者の腕の見せどころです。

以下、具体的なアプローチの方法について説明します。

① 資産・負債状況の把握

個人企業で貸借対照表を作成している企業は少数派です。試算表まで作成している企業となると皆無といってもよいでしょう。運よく、貸借対照表が付いている場合は、固定資産の数字はほぼそのまま使えますし、売掛金や買掛金についても、現状を推測する手がかりとなります。使える情報は有効に使いましょう。

ほとんどの個人企業は、損益計算書か収支明細書しかありません。貸借対照表がなく、ほかに数字として見る資料もない場合には、どうすべきでしょうか。お客様から参考となる資料を提出してもらい、主要な勘定科目だけでも、おおよその数字を把握するようにします。具体的には下記の資料の提出をお願いしてください。

勘定科目	確認資料
現金	現金出納帳
預金	預金通帳、当座勘定照合表、入出金明細書等
受取手形	手形帳、手形の現物（手元にあるもの）
売掛金	売掛帳、請求書、見積書、契約書等
支払手形	手形帳、手形の耳（手形を切ったあとの半片）
買掛金	買掛帳、仕入先からの請求書等
借入金	借入金明細書

注：手形については、2026年に廃止の方向で検討されています。

　このように、さまざまな資料から主要勘定の数字を拾い、審査担当者なりの貸借対照表を作ります。細かな勘定科目は聴き取りでも構いません。精緻なものではなくても、大まかな内容がつかめれば、財務状態のイメージがわいてきます。経理関係の資料がほとんどない、また、見せてもらえない場合は、他行も含めてすべての預金通帳を確認したい旨を、お客様に伝えてください。預金通帳の動きも少なくて実態が見えない場合は、さらに、現金の動きを日々記録してある「現金出納帳」やノートの提出もお願いしてください。

> **お金の動き＝預金通帳＋現金出納帳**

　この2つさえあれば、企業のお金の動きはほぼ把握できます。2つのうち1つ、あるいは、2つともないときは、経営者自身でさえ、事業の財務内容を把握できていない可能性があります。実態と申告書に乖離がある場合など、何か隠さなければならない理由があるとき、実際の帳簿類を見せたくないばかりに、「作成していない」「紛失してしまった」などの発言があるかもしれません。預金通帳等の提出にも協力してもらえないときは、融資判断が困難であることを伝えた方がよいでしょう。

　他行の預金通帳に加えて、借入明細書も、負債状況や月々の返済負担を知るうえで不可欠な資料です。忘れずに提出を依頼しましょう。また、経営者

の住居地以外に不動産を所有している場合は、お客様の協力がなければ実態把握は困難です。融資が希望どおりになるように努力している姿勢を示して、協力をお願いしてください。

② 簿外売上げの把握

利益を評価するうえで最も重要な項目は売上げです。個人企業の場合には、申告書の売上げが実態と乖離していないか確認する必要があります。繰り返しになりますが、確定申告書は税金を納めるための資料であり、売上げを実態よりも少なく計上したいという動機が働くからです。

みなさんは「クロヨン（9・6・4）」や「トーゴーサン（10・5・3）」という言葉をご存知でしょうか。クロヨンは、本来の課税対象所得のうち、税務署が把握している割合（捕捉率）がサラリーマンは約9割、個人企業は約6割、農業従事者は約4割という意味です。個人企業は、事業の会計と家計が一体化していて区分がはっきりしないため事業の会計を正確に行うことは難しく、恣意的かどうかにかかわらず、多少なりとも本来の売上げや利益などと乖離しているのが実態です。

売上げは、日々の売上帳の数字から把握できます。売上帳がない場合でも、売上げを走り書きしたノートや売上伝票の綴りといった資料から計算することができます。もっとも、売上帳に記載していない売上げや伝票自体を作成していない売上げがあることも少なくありません。

月100万円の売上げを計上している現金商売の小売店があったとします。レジを通していない売上げが1割あるとすれば、レジ上は90万円の売上げになります。原価と経費が70万円とすれば、30万円の利益が20万円に圧縮されてしまいます。ほとんどの経営者は正しく申告していると思いますが、なかには操作しているものもあり、その場合は確認が難しくなります。

たとえば、個人企業の申告所得が300万円程度で、夫婦と小学生の子ども2人の4人家族であれば、常識的に考えれば毎日の生活も苦しい状態のはずです。にもかかわらず、ブランドバッグや高級腕時計を身につけ、高級外車に乗っているのは不自然です。申告所得以外に収入があると考えるのが無難

です。このような場合には、配偶者の収入の有無や資産の保有状況を確認するほか、帳簿に記載されていない売上げ（「簿外売上げ」といいます）がないかどうかをチェックしてください。

配偶者の収入や資産の状況はともかく、「簿外の売上げはいくらぐらいあるのですか」とストレートに聞いても、まともに答える経営者はいないと思います。以下のような聞き方をしてはどうでしょうか。

【事例】食堂R

担当者	「申告所得は300万円ながら、家族4人を養い、定期預金も毎月積み立てていますね。店以外からの収入があれば教えてください」
お客様	「他からの収入はありません。生活は何とかやっています」
担当者	「申告書の売上げは月120万円ですが、先ほどお聞きした客単価、席数、回転数から売上げを推計すると、月150万円ほどになりそうです」
お客様	「……」
担当者	「所得が300万円で、ほかからの収入や支援もなければ、理屈上は融資を実行しても返済の見込みがないということになります。前向きに検討したいので、返済の見込みがある理由を教えていただけないでしょうか？」
お客様	「実は、団体のお客様の売上げについてはレジを通していません。実際の売上げは、月150万円ぐらいはあるので、返済は問題ありません」

事例のように、現状の問題点を説明し、前向きに検討する姿勢を、お客様に伝えることが大切です。そうすれば、お客様の本音を引き出せるはずです。

1 資産・負債の状況

　　帳簿や伝票等の原始資料を見て、審査担当者独自の「貸借対照表」を作成する。

2 お金の動き

　　「預金通帳」と「現金出納帳」があれば、おおよそのお金の動きは把握可能。

　　お金の動き＝預金通帳＋現金出納帳

3 売上げの把握

　　売上げの把握が難しい場合、定性面を踏まえた聞き方をすることで、実態が見えてくることもある。

第 **IV** 章

定性分析のポイント
――事業性評価の視点から

決算書や試算表などの数値を評価する定量分析は、企業の実態を知るための基礎となる大切な分析です。ただ、数字の分析だけでは企業の実態把握は不十分です。特に小企業の場合は、経営者の能力や技術力、ビジネスモデルなど、数字には表れない企業のパフォーマンスを評価する定性分析が大切です。これは事業性評価にもつながることです。

　事業性評価は、「企業の事業内容を的確に把握して経営課題を抽出し、企業の成長可能性や持続可能性を適切に評価する」ことです。金融機関にとっては、企業が成長するためにはどうすればよいのかを企業とともに考える場でありながら、経営戦略をアドバイスするところまでは至っていないのが実情です。企業にアドバイスするには、定性分析が重要ですが、融資の審査となると、財務を中心とした定量分析に重点をおいてしまう点に課題があると思います。

　定量分析と定性分析のどちらが重要と思うかを、新人審査担当者に聞いてみたことがあります。多くの担当者が「定性分析です」と回答をしました。ところが、実際に提出された稟議書を見ると、ほとんどの新人が定量分析にウエイトをおいて判断していました。「頭では定性分析の重要性を理解していても、定量分析にウエイトをおいた融資判断になってしまう」のはどうしてでしょうか。

　定量分析は決算書という客観的な資料があるうえ、解説書もたくさん出版されているので、新人でも理解しやすい分析だからです。一方、定性分析は客観的な資料がほとんどなく、経営者との会話や訪問した時の印象などから、経験や勘を使って判断します。経験が浅く勘も身についていない新人は、どうしても会話や訪問が形式的になってしまうようです。

　この実態を踏まえ、本章では、的確な審査をするうえで欠かせない定性分析のポイントについて、インタビューや訪問を通して、どのように把握していくのかについてできる限り具体的に解説します。「沿革・履歴」の節では、事業のバックグラウンドを把握することにより経営基盤を知ること、「ビジネスモデル」の節では、具体的な商品や技術の特徴や強みについて知る方法を解説します。

小企業の審査においては、お客様の本音を聞き出し、さらに定性分析を十分に行い、定量面と定性面との整合性を検討しながら定量分析を掘り下げることにより、企業の実態を的確に把握できるようになることを理解してください。

Ⅳ-1 本人確認等

① 個人事業主および法人代表者の確認

　審査担当者が経営者にインタビューする際には、まず本人であるかどうかの確認が必要です。面識があるお客様であれば問題ありませんが、初めての方であれば運転免許証等で本人確認を行います。

　経営者の配偶者や家族といえども、本人確認や相互の秘密の遵守などについては、注意を払うべきことが数多くあります。日頃からつきあいのある方でも個人情報保護の観点から、状況に応じて本人確認を適正に行うことが求められます。

　確認の方法はいくつかあります。基本は、運転免許証やマイナンバーカード、パスポートといった写真付きの身分証明書による確認です。運転免許証を取得しない人が増えているものの、運転免許証をもっていない場合は、その理由も聞いてみてください。

　身分を隠そうとする人は、健康保険証など写真付きでない身分証明書を提出するケースが多く見られます。偽装防止の観点から、必ず写真付きの身分証明書の提示を依頼してください。とはいえ、写真付きの身分証明書をもたない方も少なからずいますので、その場合は、健康保険証に加えて他の身分証明書を複数提出してもらうなど、臨機応変な対応が求められます。さらに、本人の口から直接、生年月日や干支を聞くなど、不自然さがないかどうかを、自分の目と耳で確かめましょう。

　余談になりますが、生年月日を確認する場合には、経営者の年齢も意識してください。若すぎる経営者については、周囲にサポートしてくれる人はいるのか。また、高齢の経営者については、後継者の有無を確認する必要があるかもしれません。明確な後継者がいない場合には、社内から人選して継続するつもりなのか、廃業も念頭において事業を縮小していくのかなど、企業維持の方向性も含めて考えていく必要が出てきます。

<参考> 主な本人確認資料（以下のものを参考にしてください）

公的資料	写真付き	運転免許証、マイナンバーカード、パスポート、住民基本台帳カード（Bバージョン）、在留カード
	写真なし	健康保険証、年金手帳、住民基本台帳カード（Aバージョン）
私的資料	写真付き	身分証明書、社員証
	写真なし	クレジットカード
補助書類		住所、名前の記載のある公共料金領収書等

❷ 法人の確認（「登記事項証明書（商業・法人登記)」の確認）

　法人の身分証明書は、「登記事項証明書（商業・法人登記）」になります。一般に「商業・法人登記簿謄本」と呼ばれているものです。登記簿謄本からも多くの情報を取得できます。できれば「現在事項全部証明書」ではなく、過去から現在までの経緯をすべて掲載してある「履歴事項全部証明書」を確認してください。

　お客様は、手元にある古い時期に取得した登記簿謄本を持参してくることもあるので、提出を依頼する場合には、最新のものをお願いしてください。本店所在地や役員の変更がなされているのにもかかわらず、古い内容のものでインタビューしてもポイントがズレてしまいます。

　主な登記事項は下記のとおりです。

項目	内容	チェックポイント
商号	会社の名称	・変遷が多い場合には注意が必要です。
本店	登記上の本店所在地	・創業時からの本店所在地の変遷が見られます。実際の場所と異なる場合は注意してください。 ・現在地の前にどこにいたのか、点々と所在を変えていないか、地域的に違和感のある場所はないかなど、確認してください。

設立年月日	法人の設立年月日	・インタビュー等で聞いた内容と相違がないかを確認します。 ・既存の法人を買い取って創業した場合などには、ここに相違が出てきます。 ・法人設立の経緯等、詳しく経緯を聞いてください。
目的	事業の内容	・現事業の内容が明記されているか、漏れがないかを確認します。 ・現業と相違があれば追加登記が必要となります。 ・現業と関係のない内容が多く列挙されていれば、その理由も確認してください。過去にやっていたこと、これからやろうとしている事業内容が見えてきます。明確な理由もなく多数列挙してあるのは、不自然です。注意が必要です。
資本金の額	現在の資本金額	・決算書の資本金額と一致しているか確認してください。
役員に関する事項	現役員、過去の役員の変遷	・役員が頻繁に入れ替わっている、代表者が配偶者や子どもと入れ替わっている、また、親族等でない第三者の名前が多いなど、不自然さが感じられる場合は、その経緯や人間関係を聴き取り、できる範囲内で人物調査を行います。
支店	支店が登記	・本店以外の営業所等の実態も見えてきます。必要に応じ賃貸契約の確認や不動産調査を行ってください。
その他	本店移転や組織変更等	・記載事項があれば、その状況を確認してください。

③ 許認可等の確認

　対象企業が許認可を必要とする職種の場合は、必ず許認可証を確認してください。経営者が資格をもっている場合には、資格証等もできるだけ見せてもらいます。その際、必ず現物の確認を励行してください。最近は、パソコンやプリンターの技術が高くなり、偽装されても判別できないケースが増えていますので、慎重に確認してください。

運送業、建設業、飲食業、理美容業など許認可が必要な事業は少なくありません。許認可を取っていなければ無許可営業となります。審査担当者としては許認可業種を頭に入れておき、必要な業種については許可証等を確認してください。

許認可の主な申請・届出先は、次のとおりです。

業種	許認可の種類	申請・届出先
一般労働者人材派遣業	一般労働者派遣業許可	厚生労働大臣
職業紹介業	有料職業紹介事業許可	厚生労働大臣
建設業	建設業許可	国土交通大臣・都道府県知事
不動産業	宅地建物取引業免許	国土交通大臣・都道府県知事
旅行業	旅行業登録	観光庁長官・都道府県知事
ガソリンスタンド	揮発油販売業登録	経済産業大臣
薬局	薬局開設届	都道府県知事
電気工事業	電気工事業開始届	経済産業大臣・都道府県知事
医薬品販売業	医薬品販売業許可	都道府県知事
産業廃棄物処理業	産業廃棄物処理業許可	都道府県知事等
旅客自動車運送業	旅客自動車運送事業許可	地方運輸局長
貨物自動車運送業	貨物自動車運送事業許可	国土交通大臣
軽貨物自動車運送業	貨物軽自動車運送事業届出	運輸支局長
酒屋	酒類販売免許	税務署長
リサイクルショップ	古物営業許可	公安委員会
警備会社	警備業許可	公安委員会
スナック・キャバレー	風俗営業許可	公安委員会
有料駐車場	貸駐車場届出	市町村長
理容業	理容院開設届	都道府県知事
美容業	美容院開設届	都道府県知事
クリーニング店	クリーニング所開設届	都道府県知事

旅館、ホテル、民宿	旅館業許可	都道府県知事
食肉販売業	食肉販売業許可	都道府県知事
氷雪製造業	氷雪製造事業許可	都道府県知事
飲食店	飲食店営業許可	都道府県知事

　人の健康や安全に関するものは保健所、輸送に関するものは運輸局など、目的を考えると整理しやすいかもしれません。新しい業種も数多く生まれていて、許認可の有無の判断が難しいケースもあります。その場合は、まずお客様に確認し、それでも不明な点が残る場合は、審査担当者から直接、該当部署に確認することも必要です。決してあいまいなままにしておかないように、心がけてください。

　なお、許認可を得るためには、個人の資格が条件となっている場合もあります。たとえば、医院には医師免許、美容院には美容師免許、ペットショップには動物取扱責任者、宅地建物取引業には宅地建物取引士、飲食店には食品衛生責任者が必要です。事業の許認可と併せて確認してください。

キーセンテンス

1　個人事業者および法人の代表者については、運転免許証等の写真付きの証明書による本人確認を励行する。

2　法人格の場合は、「登記事項証明書」の確認を励行する。

3　許認可が必要な業種、業態については、許可証等の現物確認を忘れずに行う。

Ⅳ-2　沿革・履歴の把握

　経営者の資質や企業の技術力、ノウハウなどを把握するには、企業の沿革や経営者の履歴を知ることが欠かせません。

　インタビューの際は、形式的に聞くのではなく、何を知りたくて聞くのか意識することが大切です。たとえば、「経営者の知識や経験が現在の事業にどう活かされているのか」を知ることが目的なら、「事業と履歴とのつながりは自然か」「つながりが不自然なのに、うまくいっている理由は何か」「サポートしてくれる協力者がいるのか」などを確認します。

　電気工事店からの相談があったとします。高校卒業後、すぐに地元の電気工事店に入り、20年間工事の経験を積み重ねたうえで独立した方であれば、事業とのつながりは自然であり、履歴としては十分と考えられます。一方、電気関係の会社に入社し、営業経験だけで工事の経験が一切ないにもかかわらず、電気工事店を始める場合、「技術がなくてもできるのか」「本人に電気工事の資格がない場合、資格者を雇用できるのか」「資格者の定着性は見込めるのか」などについて、確認する必要があります。

　経営者の履歴と事業内容の整合性を確認することは、経営者の資質や企業の技術力、ノウハウなどを類推するヒントにもなります。ヒストリーを詳しく知ることで、思いがけない事実が明らかになる場合もあります。

【事例１】パン製造小売業者Ｕ——技術力があることを聞き出した事例

　手作りパンの小売りをしている個人企業から、店舗の移転資金の相談がありました。申告書では十分な利益が出ていないうえ、資産が少なく、借入れに頼った計画です。それにもかかわらず、新店舗の売上見通しは現店舗の２倍近くで利益償還が見込める計画になっていました。本人は、どちらかというと明るい性格ではなく、寡黙な職人肌という印象でした。

> 担当者 「計画書を拝見したところ、売上げはいまの２倍の見通しになっていますね。その根拠を教えてください」

お客様	「いまより立地がよくなるので、客単価も上がり、２倍の売上げが見込めます。味には自信がありますので、大丈夫です」
担当者	「立地がよくなり、客単価も上がるという根拠を、もう少し具体的にお話しいただけませんか？」
お客様	「いまの店でもお客様はついていますが、単価の高いパンの需要が少なく、売上げは頭打ちの状況です。いまのままでは十分な収益は期待できません。移転先の店舗の周辺は比較的所得の高い方々が居住しています。食通のお客様が多く、美味しいパンに対するニーズは高く、客単価アップも期待できます。また、駅前に位置し、人の流れも多い場所ですので、いまの倍は売れると思います」
担当者	「なるほど。ただ、駅前には競合店もあり、すでになじみのパン屋さんがある方も多いはずです。そのなかで、新たにお客様を獲得するには他店に負けない強みが必要だと思いますが…」
お客様	「他店には負けない美味しいパン作りです。味には自信があります」
担当者	「立地がよくなることのほかに、売上増につながる具体的な根拠はありませんか。味に関して、客観的な評価があるとか」
お客様	「そういわれても…特に、これというものは…そういえば、A製パンに勤務していた時に社内の競技会があり、優勝したことがあります」
担当者	「それは、素晴らしいですね！　評価できるポイントになります」
お客様	「そうなのですか。大したことではないと思って…前もって伝えておいた方がよかったですね」

　自分から積極的に話をするのが苦手なお客様は多いと思います。審査担当者が履歴を丁寧に聞くことによって、新しい情報を引き出すことができるかもしれません。

ところで、履歴を見ていて、「勤務先や事業所を転々としている」「事実が時系列的につながらず空白の期間がある」といった場合には、その理由を確認してください。もしかすると、空白の期間に、事業に失敗していて、潜在的な負債を抱えているかもしれません。詳細を聞こうとすると、お客様が消極的な姿勢を見せるのであれば、質問の趣旨や必要性をきちんと説明してください。ほとんどの方は了承し、本音でお話しいただけると思います。かたくなに拒む場合は、慎重な対応が必要です。

【事例２】 事業者Ｋ──履歴にブランクがある事例

> | 担当者 | 「履歴書を拝見したところ、３年間のブランクがあるようですが、その間は何をされていたのですか」 |
>
> | お客様 | 「いろいろな職種を転々としていたので、省略しました」
>
> | 担当者 | 「半年ぐらいの単位で構いませんので、具体的な勤務先とお仕事の内容を教えてください」
>
> | お客様 | （急に不機嫌になり）「細かいことまで話す必要があるの？」
>
> | 担当者 | 「いまのお仕事にプラスになる履歴があるかもしれません。ご協力をお願いします」
>
> | お客様 | （渋々ながら…）「実は、その時期に一度起業したけれど、うまくいかず廃業しました。融資にマイナスになると思って…」

　誰でも自分に都合の悪いことはいいたくないものです。ケースバイケースですが、過去の失敗を確認することも必要です。お客様を問い詰めるのではなく、融資判断の材料として、「事実を知ることが必要だ」という旨を伝える姿勢が大切です。気持ちが伝われば、ほとんどのお客様は本音で話をしてくれるはずです。

　あるとき、新人審査担当者から「個人情報保護の観点から、家族状況や離婚の有無など、プライバシーに立ち入った話を聞くのは好ましくないのではありませんか」という質問を受けたことがあります。確かに個人情報やプライバシーには慎重な対応が必要です。ただ、必要な情報は、プライバシーに

十分に配慮しながらも、お客様にはっきりと聞くべきです。大切なことは、何を目的として聞いているのかをお客様に納得してもらうことです。

　家族状況を聞く場合、配偶者の有無や子どもの数などを知ることも大切です。小企業は家族経営が中心で、事業と家計が一体になっているため、家計の資金繰りが事業の資金繰りに影響するからです。高校生や大学生の子どもを抱えていて教育費等で大きな支出がある一方、事業の利益が十分出ないため、それに見合うだけの報酬が確保できない場合、家計の維持が困難になります。このとき、配偶者が勤務者で別途収入があれば、家計維持の可能性が出てきます。家族状況を知り、家庭の収入や支出を知ることが、融資判断の根拠になる場合も少なくありません。

　また、建設業など現場を抱えている個人事業者などでは、経理や庶務など事務的な仕事に割く時間が取れない場合も多く、サポートしてくれる家族がいると心強いものです。経験的に、配偶者が、しっかり経理を見ている企業は、堅実な経営をしている企業が多いようです。

▷ キーセンテンス ◁

1　個人や会社の沿革や履歴は丁寧に聴き取る

・いまの事業内容との整合性はあるか、違和感はないか。

　　→今後の発展性、見通しが見えてくる。

・過去の隠された事実がないか。

　　→そこから企業の実態が見えてくる。

2　プライバシーに関わる内容は、なぜ質問するのか、目的を明確にし、お客様の理解を得ることが大切

店の屋号や会社名に関心をもつ

　会社やお店の商号、屋号の「いわれ（ネーミング）」にも関心をもってください。名前には、経営者の思い入れや考え方が反映されている場合が多いからです。英語やフランス語などで店のイメージや事業内容を表しているケースはよく見かけますし、自分の名前をデフォルメしたものもあります。経営の目標や理想とする考え方を社名や屋号に取り入れられる方も多いようです。なぜこのような名前をつけたのか、不思議に思うこともあるかもしれません。思いもかけない由来や思い入れが見つかるかもしれません。

　「ナンバーワン」「高級」「最高」などの意味を込めたネーミングはよく見かけますが、なかには、「日本〜」「ワールド〜」「〜総合研究所」「〜システム」「〜エンタープライズ」と大きな企業を連想させる、また横文字ばかりを並べて格好よく見せようとする商号も多くあります。名前に惑わされず、その由来を丁寧に聞くことにより、実態が見えてくることもあります。例えば、株式会社ワールドエンタープライズという資本金数百万円の会社がありました。売上げも小さく名前負けしている印象を受けました。「通販事業者であるため、対外的に信用されそうなネームバリューが必要」で考えた商号だと、経営者が話をしていたことを記憶しています。

　また、株式会社青山商事という会社がありました。はじめは代表者の名前が「青山」なのか、本店の所在地が「青山」にあるのかと思いました。お客様に由来をお聞きしたところ、先代のお店の屋号を継承しているとのことでした。若い頃から数十年にわたり勤務し、自分が社長になっても、先代の恩義を忘れないように、また、長年のお取引先からも大事にしてもらっている商号にこだわりをもって、継承しているという話でした。経営者の誠実さや店の基盤の強さを感じさせられました。

商業登記、不動産登記から見えてくる実態

　企業の歩み、創業から現在までの事業の推移は、重要な情報です。会社のパンフレットやホームページ、経営者本人から話を聞くのが一般的ですが、商業登記や不動産登記からもいろいろな情報が得られます。

　法人企業は本店の所在地において設立の登記をします。商業登記の証明書には、現在の状況を記載した「現在事項証明書」、および、設立時期から現在までの変更事項をすべて記載した「履歴事項証明書」の2種類があります。過去からの流れを見ていくうえでは、後者が有用です。

　まず、「商号」の変更、「事業目的」の変更・追加、「本店所在地」の変遷等を見ていきます。変更があった時期やその理由について、一つひとつ確認することにより、その時期に企業に何が起こったのか、新たな事実が見えてくる場合があります。

　会社の看板ともいえる商号の変更や、業務内容に関わる事業目的の変更があれば、会社自体の事業の進め方や方向に大きな変更があったはずです。また、新たに事業目的が追加されていれば、本業以外の分野への進出も考えられます。本店所在地の変更はよくあることですが、その理由も確認すべきです。より立地のよい場所への移転等の前向きな移転なのか、家賃の負担を減らす等の経済的理由による後ろ向きの移転なのかなど、大きなヒントになるはずです。

　次に、「役員」登記の欄に着目してください。過去に代表取締役の変更があれば、前代表者はどのような人物だったのか、変更の経緯、現在の代表者との関係等、その背景や影響を確認します。さらに、代表取締役以外の役員の頻繁な変更等があれば、その理由や背景も把握してください。

　不動産の登記事項証明書については、「所有権」の推移、抵当権設定等の「権利関係」について調べます。現在の所有者が、いつ、いくらで取得したのか。銀行からの全額借入れによるものであれば、抵当権の設定金額により、取得金額の推測もできます。過去の抵当権等の設定状況を見ることにより、取引銀行や借入額、借入時期の推移について、さらに、評価額目一杯に

抵当権がついていれば、借入れに依存する経営状態についても推察できます。また、過去に差押えや、仮登記などの記載があれば、その時点で何が起こり、どのように対処したのかなど、必要に応じて確認することも必要です。

コラム⑧

経営者の家族状況から見えてくる実態

　小企業にとって、雇用は大きな課題のひとつです。経費のなかで人件費の占める割合は高く、また安定的に必要な人員を確保することは大変です。

　小さな企業、特に個人企業などでは、家族が事業に従事するケースが少なくありません。家族従業員のメリットは、安定した雇用が確保できること、人件費の柔軟性が確保できることです。家族であれば、突然転職したり、辞めたりすることはないので、人材の募集に伴う経費や労力の負担が軽減されます。また、仕事の繁閑に伴い労働時間やシフト等の融通も利きます。第三者を雇うには毎月定額の給与を決められた日に支払う義務が生じ、遅延等は許されませんが、家族であれば、資金繰りに合わせて、給与の支払の猶予や、給与金額を低めに抑えるなど、柔軟な対応が可能です。このように、配偶者や子どもを主体とした家族経営は、柔軟性があるので、小企業の審査において、家族構成や家族の働き手の有無を把握することが重要になります。

　夫婦の協力体制にも着目してください。「おしどり夫婦」と呼ばれるような仲睦まじい夫婦であれば、安定した家族経営が期待できるものです。夫が営業や現場作業などの外の仕事を担当し、妻が経理や総務などの内の仕事を担当するという役割分担をしているケースは少なくありません。「俺は外の作業が専門で、経理面はすべて妻に任せているので、詳しいことは妻に聞いて…」といわれることはあると思います。夫婦で来店し、夫が仕事の概要を説明し、妻が経理を見ていて、しかも的確な説明があると安心です。経験的に、夫婦2人の分業がうまくいっている場合は、堅実な経営をしていることが多い気がします。

家族状況を把握するもうひとつの目的は、家計費（生計費）の実態を把握することです。家計費は、個人所得や代表者の給与から支出するわけですが、その収入の範囲で家計費が賄えているのかを判断することが必要です。たとえば、妻と子ども2人の4人家族で、家賃も含めて家計費が月30万円だとした場合、個人所得や代表者の年間の役員報酬が手取りで400万円だとすれば、年間の家計費360万円（≦400万円）を賄えます。

　一方、同じ4人家族でも、子どもが2人とも大学に通い教育費がかかる場合は、家計費も大きくなります。果たしていまの収入で賄えるのか、不足分はどのように補うのかなど、さらに検討する必要が出てきます。逆に、個人所得や代表者給与が少ない場合でも、子ども2人が成人して勤務収入があるならば、実際の家計費の負担は少なくて済むのではないか。家計費が赤字であっても、不足分を家族の勤務収入等から補填できるのではないか、などの視点から事業実態を把握できるかもしれません。

IV - 3 ビジネスモデルの把握①
——事業内容をイメージする

❶ ビジネスモデルを把握する目的

　新規に相談があった企業の審査は、どのような事業をしているのか、その内容を具体的に把握し、稟議書に表現することが重要です。次の3点を中心にまとめてみると、わかりやすいでしょう。

① どのような顧客を対象としているのか

② どのような商品・サービスを取り扱い、他社との差別化を図っているのか

③ どのような営業活動を行い、収益を上げているのか

　新人審査担当者には、「決裁者が、その企業が具体的にどのような活動をしているのかをイメージできる稟議書を作成しなさい」と指導してきました。経営者に直接会って話を聞いている審査担当者だからこそ、企業の具体的な活動内容を把握できるわけですが、聞き出した事実を稟議書に的確に表現できなければ、決裁者はビジネスモデルを理解できません。

❷ ビジネスモデルを把握できる稟議書とは

　では、どのようにすればビジネスモデルを的確に把握できる稟議書を作成できるのでしょうか。事業内容を形式的に聞いているだけでは難しいと思います。ポイントは、具体的に顧客や事業の内容、収益源はどこにあるのかといったことを、常に意識してインタビューすることです。

　たとえば、内装工事業者といっても、「建設会社の下請けなのか」「一人親方の手間賃仕事なのか」「マンション主体なのか一戸建てなのか」「新築主体なのかリフォーム中心なのか」など、さまざまな形態があります。ビジネスモデルにより、取引先、継続受注の見通し、技術力の有無、人材の確保、収益力、規模に応じた資金の必要性など、インタビュー時の質問内容も変わってくるはずです。これらの項目に対する具体的な質問を重ねていくことに

よって、事業内容が明確になり、さらに他社との違いや自社の強みといった実態もつかめてきます。

　なお、経験したことがない業種を担当する場合は、『業種別審査事典』やインターネット検索などで、事前に業界情報や審査のポイントを勉強し、業界知識を蓄えてからインタビューに臨んでください。

　ソフトウエア開発業を例に考えてみます。仕事の幅が広く、ビジネスモデルがイメージしにくい業種のひとつです。「どのような取引先をもっているのか」「関連する業界の専門知識はあるのか」など、受注形態や取引先の概要なども含めてインタビューし、ビジネスモデルを把握してください。

【事例】ソフトウエア開発業Ａ

担当者	「ソフトウエア開発は、お仕事の幅が広いので、どのような事業内容なのか、具体的に教えてください」
お客様	「弊社は主にＢ社の下請けとして人事関係のソフトウエアを開発しています。私は独立前から「勤務管理表」の作成などを専門に行っていたため、人事関係の分野に特化したかたちで創業しました。Ｂ社とは創業時からの取引で、もう15年にもなります」
担当者	「Ｂ社は、どのような会社なのですか？」
お客様	「ソフトウエア開発の会社で、業界では中堅です。Ｎという大手企業の一次下請け先です。当社にもＮ社の仕事がまわってきますよ」
担当者	「大手との取引があるのですね。ほかに取引先は何社ぐらいありますか？」
お客様	「これまで仕事を受けた会社は数十社あります。それらの会社から、ソフトのリニューアルの仕事が年間に平均して３〜４社程度あります」
担当者	「売上げの構成比では、Ｂ社とそれ以外の会社とはどれぐらい

でしょうか？」

お客様 「そうですね…。Ｂ社が50％、それ以外が50％ほどでしょうか
…」

担当者 「それぞれの受注契約の内容や開発期間はどうなっているので
すか？」

お客様 「Ｂ社は長期の開発が中心なので、１年単位で自動更新する受
注契約を結んでいます。１人当たり月30万円の契約で、弊社社
員をＢ社に常駐させています。他社の場合は、そのつど契約書
を交わし、完成時に一括入金してもらいます。大体３か月ぐら
いの仕事が多いですね」

担当者 「Ｂ社以外のお仕事の受注単価は、いくらぐらいですか。正社
員は何人いるのですか？」

お客様 「平均すると月に100万円くらいでしょうか。それが２～３本並
行して走っています。ＳＥ（システムエンジニア）は私も含めて
10人います。５人がＢ社に常駐していて、残り５人で他社のソ
フト作成を行っています。粗利は50％あり、収益に貢献してい
ます」

担当者 「ＳＥの確保は大変だと思います。工夫されていることはありま
すか？」

お客様 「社員の半数は、創業時のメンバーです。取引先の信頼がある
のも、そのおかげだと思っています。ＳＥの確保には気を使い
ますね。待遇面はもちろん、当社では若手の育成にも力を入
れ、新人が伸び伸びと力を発揮できる環境整備に努めていま
す」

【Ａ社のビジネスモデル】

① 取引先企業は４～５社。大手ソフトウエア会社Ｎ社の下請け先である中
堅企業Ｂ社をメイン取引先とし、15年の取引実績がある。ほかにも数社か
らの定期的な受注を確保している。１社専属ではないのでリスクは分散さ

れている。

② 　人事関係のソフトウェア開発に特化し、技術力は評価されている。長年
の取引による信頼性も高い。

③ 　SEは社長も含めて10名。うち、半数の5名はB社に常駐しており、1
人当たり月30万円で契約している。B社以外の受注は、3か月タームの仕
事が中心。自社開発のプログラムについては個別に契約を結び、完成時に
一括入金される。単価は100万円程度のものが中心。受注は安定し、粗利
も大きく収益力は高い。

　総合的に見て、経営者はしっかりしており、技術力にも定評があり、安定
した受注先を確保している企業といえます。詳しい内容を聞かないまま「人
事関係のソフトウエアを中心に開発している企業」と簡単にまとめてしまう
と、A社の強みや独自性がわかりません。ビジネスモデルを詳しく理解する
ことが、わかりやすい稟議書を作成するポイントになります。

　もちろん、これだけの内容を聞き出すのは、新人にとっては大変なことだ
と思います。ある程度の業界知識も必要なので、事前によく勉強しておくこ
とが大切です。

③　ビジネスモデルを把握するためのポイント

　どのような顧客を対象にした商品やサービスを扱い、営業活動を行ってい
るのか、さらに、どのように他社との差別化を図っているかなど、事業内容
をできるだけ具体的にイメージし、簡潔にまとめられるようにするには、イ
ンタビュー前に、インターネットや外部信用情報などにより企業情報をでき
るだけ集め、ポイントを整理して書き出しておくことが大切です。ただ、事
業内容が複雑で、初めての業種・業態だと、事前に準備をしていても、お客
様の説明内容が理解できないことがあります。

　その場合は、「御社の業界を担当するのは初めてで、理解できない部分が
あります。申し訳ありませんが、勉強したいのでいろいろ教えてください」
とお願いするのもひとつの方法です。なかには面倒だと思われるお客様もい

るかもしれませんが、ほとんどの方は、自社の製品やサービスの特徴については自信をもって説明されるはずです。審査担当者が「自分の会社の仕事の内容を一生懸命理解しようとしてくれている」という気持ちが伝われば、わかりやすく説明してもらえます。

複雑な事業内容であれば、2度、3度とお客様に聞かざるを得ない場合もあるかもしれません。その場合には、言葉遣いに配慮が必要です。「いまお聞きした点を、私なりに整理しました。このような理解でよろしいでしょうか。間違っている点があれば教えてください」というように、自分の理解度を示しながら丁寧にインタビューを進めます。わかったふりをして聞き流し、理解が不十分なまま結論を出すことだけは避けてください。

④ 事業形態から見た特性

審査担当者に知っておいてほしい代表的な事業や受注形態について解説します。

(1) 外　注

製造業の製造形態は大きく分けて2つあります。ひとつは、自社で工場を持ち、自社の機械でモノを作る形態です。もうひとつは、自社の工場を持たず、製造は他社に依頼する「外注」という形態、いわゆるファブレス企業です。

たとえば、従業員がいない工作機械製造業者の場合、社長が一人で注文を取り、設計の図面は自社で引くものの、実際の製造は他社にまわす形態です。また、印刷業者であっても、自社では機械を所有せず、受注した仕事の印刷工程は同業他社に依頼する形態があります。このほかにも、メインの商品は自社で製造するものの、付属品は他社に外注するなど、2つの製造形態を組み合わせた業態もあります。

通常は、外注にまわすぶんだけ原価が高くなり、利益が小さくなります。人を雇う費用、機械を取得し維持する費用や労力を考慮した場合、どちらのメリットが大きいのか、それは経営者の判断になります。

(2) 入　　札

　入札は、公的機関（発注行政省庁、地方公共団体、各種法人団体など）が発注する際に多くみられ、一般の事業者に応札させて選定する手続です。数社から見積りを取り、そのなかで一番価格の安い業者に仕事を発注します。建設業者だけではなく、公的機関と取引する物品の納入業者や清掃業者など、さまざまな分野で行われています。

　国や県、市といった行政機関が主な取引先になるわけですから、取引先としては安全で回収が確実である半面、受注するには毎回、入札に参加しなければなりません。長年の取引関係にある企業のように、毎年の受注が保証されるわけではありません。評価のポイントは、契約を取れるだけの、技術力や商品力、熟練した人材の確保など、ライバルと比較した強みを聞き出せるかどうかです。

　入札には、入札ランクというものがあり、会社の規模によってA〜Dランクに分けられ、取得しているランクによって入札できる案件が異なります。どのランクに位置しているのかを過去の入札実績を参考にしながら聞いてください。

　余談ですが、公共工事で建設業者が入札に参加するためには、経営事項審査（「経審」と呼ばれています）を受ける必要があります。審査項目には、「自己資本額」や「利払前税引前償却前利益」などがあるため、入札に参加する企業には、点数（総合評定値）が高くなるように、決算書の見た目をよくする操作を行う動機が働きます。

　また、公共工事は自治体の予算の関係もあり、回収時期や回収期間が長期化することも少なくありません、支払が先行する場合、資金をやりくりする必要があります。長期にわたる回収の場合は、回収条件をきちんと把握し、「手付金→中間払い金→最終入金」と各段階での入金時期と金額を確認します。資金繰りのための融資の相談を受けた場合には、工事期間と資金の回収の時期・金額を把握して、キャッシュフロー分析をしてください。

(3) 業務委託

　飲食店もさまざまな形態があります。一般的には、店舗の確保や保健所の

許可の取得、従業員の確保、材料の仕入れから調理等の運営に至るまで、オーナーが中心となってすべてを行うイメージです。けれども、店舗の確保と保健所の許可申請だけで、それ以外の人員の確保、調理等の実際の店の運営を外部業者に委託する形態もあります。これが、業務委託です。なお、店の運営を委託された外部業者は、飲食業ではなく委託サービス業になるので、注意してください。

業務委託は、飲食店だけではなくさまざまな分野で行われています。委託された業者は、一定の手数料をもらうか、売上げに応じて一定の利益を受け取るかたちで委託契約を結ぶケースが多いようです。業務委託をしている業者から融資の相談があった場合には、取引先との契約書を見て、内容をよく吟味してください。

(4) 委託販売

ア 物品の販売

物品の販売を第三者に委託し、売れた数量や価格に応じて手数料を支払うという形態です。工芸家が作品を作って販売する場合に、飲食店や小売店の店先に置かせてもらうようなケースがあります。

委託販売は、受託側の仕入負担がないので、商品を置いてもらえるハードルが低くなるメリットがあります。ただ、委託先への手数料分だけ、利益は小さくなります。

イ 出版物・書籍の販売

出版業者は自社が出版した書籍を小売店（書店）に卸しています。書店側からすると、買取りのかたちで仕入れなければならず、在庫を持つリスクと在庫分の資金が寝てしまうデメリットが生じます。ところが、委託販売の形態であれば、仕入れをせず、一定期間預り、期日を経過した場合は返品できるので、書店にとっても大きなメリットがあります。大手出版社の書籍は買取り、中小出版社の書籍は委託販売する書店も多いようです。

(5) 中古品販売

リサイクルショップ、金券ショップ、中古車の販売業者など、古物商の営業許可を取って営業している業者です。中古品販売においては、販売先の確

保よりも仕入先の確保が重要になります。よい品をいかに安く仕入れられる
か、そのための仕入先、仕入ルートは確保できているかがポイントになりま
す。

　たとえば、リサイクルショップでブランド品が４万円で売られているとし
ます。相場があるので同業者の売値には大きな差異はありませんが、仕入値
はショップによって異なります。２万円で仕入れ、その倍の４万円で販売し
て粗利益が50％の店がある一方で、１万円で仕入れて75％の粗利を得る店も
あります。どのように商品を仕入れているのか、よい品を安く仕入れられる
ルートがあるのかを確認します。

> ### キーセンテンス

　１　ビジネスモデルとは

　　①　どのような顧客を対象としているのか

　　②　どのような商品、サービスを扱い、他社との差別化を図ってい
　　　るのか

　　③　どのような営業活動を行い、収益を上げているのか

　２　ビジネスモデルを把握する目的とポイント

　　・具体的にどのような事業活動をしているのか、ビジネスモデルの
　　　把握ができなければ的確な審査はできない

　　　→事業の特性、強みを把握し記載する

　　・審査担当者と決裁者が同じイメージをもてるように稟議書に表現
　　　できるかどうかが、適正な審査判断につながる

Ⅳ-4　ビジネスモデルの把握②——商品・技術力

① 商品や技術の特徴を把握する

事業内容を把握できたら、次に、商品特性や技術力を把握しましょう。「どのような商品を扱っているのか」「単価はいくらか」「技術力はあるのか」「技術レベルはどの程度か」といった内容に加えて、販売先や仕入先、さらに取引条件も確認します。インタビューのポイントは、具体的な商品名や単価を聞き、そこから商品特性を類推することです。

建設業の場合であれば、業態や業種等について掘り下げて聞く必要があります。土木工事業であれば、工事の種類は高層ビルの基礎工事なのか、一般住宅の土台なのか、一般建築業であれば、マンションなのか、戸建てなのか、さらには木造住宅なのか、そこから、「特殊な技術が必要か」「工事単価はいくらか」「工事期間は平均何か月か」などを詳しく聞いていきます。

製造業の場合には、「何を製造しているのか」→「ネジ製造業ならば、そのネジに何か特徴はあるのか」→「取扱製品は安価な量産品か、技術力を要する注文品か」→「販売先は大手なのか中小なのか」など、聞くべきことが広がっていきます。

インタビューを掘り下げることによって、イメージがより具体化していきます。

【事例1】婦人服小売業F社

・現在地で20年の営業実績あり

・顧客は比較的所得の高い世帯の主婦で、ほとんどが常連とその紹介客

・デザイン専門学校を卒業したあと、勤務先の店舗で経験を積んだ女性オーナーが、オリジナルブランド商品を中心に販売。企画、デザインは自社で行うが、縫製等の製造は外注し、設備は持たない。粗利は50％を目標

・店舗は駅前の好立地で、自己所有物件

・ブラウスは1着1万〜3万円、スカート、パンツは3万〜5万円、ワンピースは5万〜20万円とやや高めの価格設定。さらに、洋服に合わせたアクセサリーやバッグ等の小物（平均単価3万円）含めたトータルコーディネートの提案が強み

・1日平均5人の売上げがあり、平均客単価は5万円

【F社のビジネスモデル】

① 高所得者層をターゲットにしている。

② 高級なオリジナルブランド品を中心に品揃えは豊富で、洋服だけではなく、バッグ、小物などを含めたトータルコーディネートを提案。縫製は外注だが、企画、デザインは当社が担当している。

③ 固定客からの口コミが中心で、利益率は業界平均よりも高く、十分な利益を計上している。

F社の強みは、他店との差別化のために、ターゲットを高所得者に絞り、高級なオリジナルブランド品を中心に、洋服だけではなく、バッグ、小物など豊富な品揃えでのトータルコーディネートを提案している点にあります。企画、デザインは当社が担当し、独自性を前面に出すとともに、高めの価格設定により十分な収益を計上しています。

衣料品小売店の場合、Tシャツが1枚500円なのか、3,000円なのか、1万円なのか、それらが月に何枚売れるのかなど、取扱商品と単価、販売量などを確認すれば、安売り店なのか、高級品店なのかといった店のコンセプトがわかります。ターゲットになる顧客層が異なれば販売方法や営業活動も変わってきます。安売り店ならば販売量を増やす方法や集客の戦略がポイントです。高級品店ならば、品揃えの差別化や顧客の囲い込み戦略などがカギになります。

小企業にはさまざまな業種業態があり、取扱商品やビジネスモデルがつかみにくいケースもあります。そのときは、商品の内容、お金の流れなどをひ

とつずつ丁寧に確認していくことで、実態が見えてきます。決して、ビジネスモデルがつかめていないのに、わかったふりをしてインタビューを終了してしまうことのないようにしましょう。

② 取引先（顧客層）を知る

取引先（顧客層）が不特定なのか、特定なのかを知ることもポイントです。固定客がいれば売上げが安定し、結果的に利益も安定します。

(1) 不特定多数が対象の業種

ア 固定客（常連客）を確保しているケース

不特定多数の顧客を対象にする小売業や飲食店について考えてみます。不特定多数が対象とはいえ、固定客（常連客）もいるはずですから、固定客の売上構成比を聞きます。固定客の比率が高いほど売上げは安定します。同時に、固定客を確保できる理由も聞いてみてください。店の強みが見えてきます。

【事例2】鮮魚小売店S

> 担当者 「大型店の出店の影響もあったと思います。長年にわたり営業を続けられる強みは何ですか？」
>
> お客様 「私の店は固定客が50％以上を占めます。大型スーパーは、ここからは離れた場所にあるため、車を持たないご近所さんが中心に買いにみえます。一人暮らしのお年寄りが多く、常連が多いことが強みだと思います」

この鮮魚店の強みは、

① 大型店が近くにはない

② 移動手段をもたないお年寄りが多く、固定客となっている

という点にあります。

【事例3】洋食店G

> 担当者「お客様は2代目の店主なのですね。売上げも安定しています
> ね。秘訣は何ですか？」
>
> お客様「私の店は8割方が固定客です。近隣のファミリー層が多いで
> すね。親の代から営業しています。昔、親御さんと一緒に来て
> いたお子さんが成人し、結婚後もご自分のご家族を連れてきて
> いただいています。先代からの味を守っていますので、昔なが
> らの懐かしい味を求めて来店されるお客様も多いと思います」

　この洋食店の強みは、

①　長年の常連客が支えている

②　他店にはない、昔ながらの懐かしい味がある

という点にあります。

イ　固定客（常連客）が少ないケース

　固定客の割合が低い場合には、今後、どのようにして固定客を増やしてい

くのか、その見通しがポイントになります。

【事例4】整骨院A

> 担当者「開業して間もないですが…お客様の確保にどのように取り組
> んでいますか？」
>
> お客様「定期的にチラシをまいたり、インターネットで広告をしたり
> しています。開業後半年を経過し、徐々になじみのお客様が増
> えてきました。広告費がかかるので、これからは、「お得感」
> を感じていただけるようなメニューにし、口コミ主体で地道に
> 顧客を増やしていきたいと考えています」

　この整骨院Aの対策は、

①　広告費と効果が見合っていないため、口コミ中心に切り替える

② リーズナブルな値段で、お得感を全面に出す

という点にあります。

　経営者が店の現状分析を的確に行っているか、課題の解決策は妥当か検証し、疑問点があれば、さらに質問を重ねてください。

(2)　特定先が対象の業種

　製造業や卸売業などは、取引先が特定していることが多く、「主な取引先はどこか」「取引先は何社ぐらいあり、その構成比がどのくらいか」などについて聞いてみてください。掛け売りになるケースが多いので、取引条件も合わせて聴き取ります。取引条件から、おおよその売掛金残高を推測することも可能です。

【事例5】 土木建設業R社

> 担当者　「取引先の企業名と取引条件を教えてください」
>
> お客様　「大手ゼネコンの１次下請け先A社がメインで、売上げの60%を占めています。残りは中堅の建設業者が３社で、B社が20%、C社、D社が各10%ずつの構成です。取引条件は、A社は20日締めの翌月20日払い、半手半金（手形50%、現金50%）で、手形のサイトは３か月です。残りの３社は現金ですが、サイトは長めで、３社とも末締めの翌々月の末日払いです」

　この土木建設業R社の取引条件等は、

① 　取引先は４社。なかでもA社が60%を占め、受注は安定している

② 　取引条件は、50%が手形払いとなっており、それ以外の取引先も売掛期間が２か月と長めのため、資金の回収に時間がかかり、資金繰りに余裕がない

という状況です。

　なお、このように取引条件を聞くことができれば、次のように売掛金残高等について、理論的推定値が計算できます。

【計算事例１】 売掛金残高の推定値（３月末時点）

・A社は、20日締め翌月20日払いですから、４月20日に支払予定の、２月21日から３月20日までの売上げ30日分と、３月21日から３月末日までの売上げ10日分を加えたもの（下表の薄いアミカケ部分）、「30日＋10日＝40日」が売掛残となります。したがって、「40日÷30日≒1.3か月」が推定値となります。仮に、10日締め翌月10日の場合であれば、「30日＋20日＝50日」が売掛残となり、「50日÷30日≒1.7か月」が推定値となります。

・B、C、D社は、末締め翌々月末日支払ですので、「60日÷30日＝２か月」が推定値となります。

調査基準日

・A社の売掛金は全体の60％、B、C、D社の合計は40％ですから、売掛残の理論値は「1.3か月×0.6＋２か月×0.4≒1.6か月」となります。仮に、決算書の売掛金残高が月商の3.0か月分あったとすれば、「3.0か月÷1.6か月≒188％」となり、定性面から見た理論値の倍近い残高があり、売掛金は過大と考えられます。

【計算事例２】 受取手形の推定値

受取手形はA社のみで、サイトは３か月、A社の取引は全体の60％で

手形の割合はその半分ですから、「3か月×0.6×0.5＝0.9か月」、当社の受取手形の推定サイトは0.9か月となります。仮に、当社の平均月商が1,000万円だとすれば、理論値としては、受取手形残は900万円となります。売掛金と同様の見方で、実際の受取手形残高の月商比と比較して異常値の有無を検討します。

このように、決算書の残高を月商比較した数字と、この推定値を比較し、乖離が大きい場合は、実態を慎重に見ることが必要です。覚えておくと便利です。

もっとも、手形は2026年に廃止される方針が打ち出されており、これからは手形勘定を見かける機会は減っていくと思われます。

> **キーセンテンス**
>
> 1　商品や技術の特徴の把握
> ・取扱商品や技術の特徴、取引先名、取引条件等を具体的に聞くことで特徴が見えてくる。
> ・取扱商品や単価などによって顧客層が異なり、販売方法も変わる。
> 2　取引先（顧客層）の把握
> 　①　不特定多数が対象
> 　・固定客（常連客）を確保しているか、そうでないのか
> 　・固定客を確保するための戦略はあるのか
> 　②　特定先が対象
> 　・取引先の実態を知る
> 　・取引条件を知る

Ⅳ-5 ビジネスモデルの把握③ ──強みは何か

　企業実態および商品・技術力の把握ができたら、次は、「企業の強み」を詳しく分析します。ライバルと比較した強みについて、できるだけ具体的にインタビューをして稟議書を作成します。

　企業の強みといってもいろいろな要素があり、「これが強みだ」と簡単にいうことは難しいかもしれません。まず、強みを見つけるための「切り口」を考えてみましょう。

　切り口としては、マーケティングの４Ｐ分析（Product［プロダクト：製品］、Price［プライス：価格］、Place［プレイス：流通］、Promotion［プロモーション：販売促進］）をベースに、次の３点に絞って考えるとわかりやすいと思います。

---

　① **製品・商品（プロダクト）**
　　→他社よりも高品質か、他店では入手困難な商品か
　② **価格（プライス）**
　　→他社製品や他店と比べて価格優位性があるか
　③ **サービス（プレイス：流通＋プロモーション：販売促進）**
　　→個客ニーズを把握しているか、顧客へのアフターケアが充実しているか、店の雰囲気や従業員の応対はどうか、立地条件はよいかなど

　OA機器の販売業者で主にコピー機を主力にしている企業があるとします。競争の激しい業界ですから他社に負けない強みがないと生き残りは困難です。漠然と「強みは何ですか」と聞いても、経営者は答えづらく、明快な答えが返ってこないかもしれません。３つの切り口を軸にして質問してみましょう。

【事例】OA機器卸業者N

① 製品・商品に優位性があるケース

> **担当者**　「社長のお話では、価格は他社と大きな差はないようですね。どこで他社との差別化を図っているのですか？」
>
> **お客様**　「品揃えに力を入れています。取扱数は100種類以上あり、取引先のどのような要望にも応じられるようにしています。特にカラーコピー機では、他社では扱えない商品を仕入れできると自負しています」
>
> **担当者**　「素晴らしいですね。ただ、取扱いの種類が多いと在庫負担が大きくなるデメリットもありますね。保管場所の問題も出てきますし…」
>
> **お客様**　「ご指摘のとおりです。当社は注文があってから発注していますので、在庫負担はありません。納期がやや長くなる場合もありますが、勤務時代の人脈があり、優先して商品を回してもらえるので、さほど問題になりません」

【当社の強み】

・価格は同じでも、他では手に入れられない商品を入手できる。

・人脈を活かし、迅速に商品を入手でき、在庫をもたないで済む。

② 価格に優位性があるケース

> **担当者**　「コピー機の卸値を教えてください。安い商品から高い商品まで、価格帯はどれくらいですか。主力商品の平均単価はいくらぐらいですか？」
>
> **お客様**　「主にオフィス用のコピー機を10種類ぐらい取り扱っています。小型機は10万円ぐらいから100万円ぐらいまで幅があります。売れ筋は1台30万円ぐらいで、売上げの60％を占めています」
>
> **担当者**　「他社と比べて価格面では優位性はありますね。具体的には

何%ぐらい安いのですか？」

お客様「メーカーから直接仕入れているので、20％ぐらい安いと思います」

担当者「メーカーから直接仕入れられるのは大きなメリットですね。仕入先を教えていただけますか。また、どのようにして、その仕入先とのつながりができたのですか。その経緯も教えてください」

お客様「R社です。履歴書のとおり私が以前に勤務していたメーカーです。実は、当時の上司の勧めもあり、直接仕入れをさせてもらえる条件で創業しました。R社とは、代理店契約も結んでいます」

担当者「それは、御社の強みですよね。「代理店契約書」をお持ちならば、見せてくださいませんか…」

お客様「はい。実は、お見せしようと思って、ここに持参してきました…」

【当社の強み】

・直接商品を仕入れられる取引先をもち、その結果他社よりも廉価に仕入れられ、安く販売できる。

・取引先は前勤務先であり、人脈もある。代理店契約も結んでいる。

③　サービスに優位性があるケース

担当者「お取扱いのコピー機は、価格の面でも品質の面でも他社と大きな差はないようですね。それにもかかわらず、これだけの実績を残されている理由は、どこにありますか？」

お客様「当社はメンテナンスなどのサービス面に力を入れています。メーカーの代理店としてコピー機のメンテナンスも担当し、お客様からの要望があれば、夜遅くや休日でも１時間以内に修理にうかがうサービス体制を取っています。メンテナンス要員を

> 多くおかなければなりませんが、取引先からは好評で、継続し
> てお取引をいただいています」

【当社の強み】

・価格や品質が同じでも、他社にはない、アフターケア等のサービスが充実
　している。

　このほかにもさまざまな切り口があるとは思いますが、まずは、これら3
つの切り口から、企業の特徴を具体的にインタビューしてみてください。審
査担当者としても整理がしやすく、企業の特徴もつかみやすいはずです。

キーセンテンス

1　企業の強みの把握

　どのような企業でも何か強みをもっているはず。それがなけれ
ば、他者との競争には勝てず、存続できない。

2　3つの切り口からの質問

　漠然と強みを聞いても明快な回答は得られない。

　以下の3つの切り口から質問していくことにより、企業の強みを
つかむ。

①　製品・商品…他の商品よりも優れているのか、技術力が高いか

②　価格…他の商品よりも優位性があるか

③　サービス…他の取引先（店）よりも高度なサービスが受けられ
るか

Ⅳ-6 資金使途

　資金使途は、融資判断を行ううえで大きなポイントになります。具体的な使いみちを、インタビューの時にしっかり聞いてください。「審査は、資金使途に始まり、資金使途に終わる」という言葉があります。それは、資金使途は企業のおかれた現状を表しており、資金の使いみちを分析することにより、企業の経営課題が見えてくるからです。

　資金使途は、大きく３つの使いみちに分かれます。「前向き」「経常」「後ろ向き」の３点です。特に「後ろ向き」の場合は、足元の売上状況や支払振りなど、丁寧に調べてください。

① 前向きな資金（新たな利益を生む資金）

(1) 設備資金

　一番わかりやすい使いみちです。「新規に機械を導入する」「トラックを増車する」「新たに店舗をオープンする」など、売上増加のための先行投資となる資金です。

　融資判断のポイントは、売上増加見通しの根拠を確認するとともに、利益の増加がどの程度見込めるのか、具体的な数字を把握することです。いくら売上げが上がっても、「利益が増えない」「経費負担の方が大きい」ようでは計画の妥当性に疑問が残ります。

　そのためには、創業企業を審査する場合と同様に、お客様に「事業計画書」を提出してもらい、設備導入後の売上げや原価、経費の見込みなどを聞き、利益額を推計してみることです。そのうえで、今回の設備投資効果による利益償還の可能性を検討し、計画の妥当性を判断します。

(2) 増加運転資金

　新規に機械を導入した場合には、その機械を動かすために、新たに人員を雇う必要が出てくることがあります。店舗を増やした場合も、そこで働く従業員を雇わなければなりません。また、設備投資をすることにより、規模拡

大に伴う増加運転資金が必要になることもあります。

　ほかにも、新たな取引先を開拓する、受注が大幅に増加するなどの見込みがある場合には、増加運転資金が必要です。設備資金と同様に、今後の売上見通しおよび利益見込みについて、稟議書に具体的に記載してください。

　運転資金の借入期間は1年以内の短期が一般的です。受注増に伴って一時的な資金が必要な場合でも、実際に売上げの回収が始まれば資金は回転していくからです。ただ、継続的に受注が拡大していく見通しがあれば、何度も短期の借入れを繰り返すのは効率が悪いため、借入期間を長めにして資金繰りを安定させる方がよいかもしれません。お客様の立場に立って、ベストなプランを提案しましょう。

❷　経常的に必要な資金（新たな利益を生まない資金）

(1)　設備更新の資金

　収益に直接貢献しない設備投資もあります。いわゆる「取替え更新」といわれる設備投資です。「店舗が古くなり顧客の入りが減少している」「車両が古くなり修理代がかさむ」など、設備の更新が必要な場合があります。

　たとえば、中華料理店のように油を多く使う店では、客席の壁紙の汚れが進むと清潔感がなくなります。定期的に内装工事をして清潔感を保たなければ、売上げに影響します。また、美容室や外観がセールスポイントになる小売店では、定期的に改装を行う必要があります。店舗以外でも、営業車両等は5～6年経過すれば償却期間が過ぎ、更新が必要になります。

　いずれも切実な資金使途ですが、借入れによって返済負担が増し、利益償還が困難になることは避けなければいけませんし、現状維持が目的の設備更新の資金については、大幅な利益改善は期待できないことを念頭において検討してください。

(2)　経常運転資金（余裕資金）

　月の売上げに季節的な変動がある企業や売掛金の回収が買掛金の支払よりも遅れる可能性がある企業は、運転資金に余裕が必要です。このような余裕資金は、借入れしても利益を生む資金ではないので、現行の利益から償還が

見込めるかどうかを検討してください。

　経常運転資金は、月商の2〜3か月分もあれば十分と考えます。それ以上の資金を必要とする企業からの申入れがあれば、それは過大であり、別の目的に使われることも考えられますので、使途を再確認する必要があります。必要性を強く主張する場合は、具体的な使途と金額を照らし合わせながら聞いてください。経営者の本音が聞き出せるかもしれません。

③　後ろ向きの資金（新たな支出を生む資金）

　後ろ向きの資金とは、欠損企業や十分な利益を出せない企業が、取引先への支払や銀行への返済といった資金繰りのために借入れをする資金です。検討のポイントは、利益償還は見込めないため、資金繰りの状況に加えて、経営者個人の預金、信用保証協会の保証枠、銀行の借入状況、不動産の価値などから資金調達の余力がどれくらいあるのかを把握することです。

　さらに、将来的に利益償還ができる体質に転換できるかどうかの検討も必要です。資金繰り償還ができれば当面は存続できますが、無限に続けられるわけではありません。資産が枯渇し、決算書の改善が見られなければ銀行からの支援もいずれ打ち切られます。中長期的に、利益が出る体質に変わることができるかどうかをよく検討する必要があります。

キーセンテンス

1　資金使途を見れば、企業の実態が見えてくる。

2　資金使途には3つの用途があり、財源も異なる。

　①　前向き……新たな利益を生む可能性がある

　　　　　　　　返済財源＝既存の利益＋新たな利益

　②　経常………返済財源＝現状の利益

　③　後ろ向き…返済財源＝借入等による補塡資金（支出を生む）

返済条件の考え方

1　返済条件は誰が決めるのか

　返済条件は、誰がどのようにして決めるものでしょうか。「お客様が希望したから」と、お客様の申出を全面的に受け入れて決めることが顧客サービスでしょうか。そうではないはずです。返済条件は、「お客様の希望を聞きながらも、お客様の経営状況を的確に把握し、お客様にとって最適なものになるような返済方法を審査担当者が提案し、お客様の了解を得て、初めて成立する」ものだと考えます。どちらかが、一方的に決めるのではなく、お客様と審査担当者が対話しながら返済条件を決めることが大切です。

2　借入期間（返済期間）の決め方

　借入期間（返済期間）を決める場合に、お客様に、「何年の返済をご希望ですか」という聞き方をすることが多いのではないでしょうか。その場合、ほとんどのお客様は、「できるだけ長い期間でお願いします」と答えると思います。なぜならば、お客様としては、「少しでも毎月の返済負担が少ない方が安心」と考えるからです。

　しかしながら、借入期間は長ければよいというものではありません。期間が長いと、お客様にとっては、毎月の返済負担が少なくなるというメリットがある半面、①残高が減るのが遅くなる、②支払利息の総額が大きくなる、というデメリットも生じます。

　審査担当者としては企業実態を的確に把握したうえで、適正な借入期間を提案することが必要です。期間が短くなれば残高の減少も進み、結果的に支払利息の総額が小さくなるというメリットが生じます。お客様が長期の返済を希望しても、返済力のある企業には、短い期間を勧めることが顧客サービスになります。逆に、返済力に問題のあるお客様には、長い期間を勧める方がよい場合もあります。

　では、何を基準に考えるべきでしょうか。当たり前のことですが、利益と返済のバランスです。「返済元金＜利益」の場合は、期間短縮をベースに、

「返済元金＞利益」の場合は、期間を長くすることをベースに、提案しては
どうでしょうか。

IV-7 納税状況の確認
——支払の優先順位と資金繰り

1 税金の支払状況を確認する目的

　税金の領収書は、できる限り確認してください。税金の支払状況から、企業の資金繰りの実態を把握できる場合が多く、審査判断をするうえで重要な情報となるからです。利益が十分に出ていて、資金繰りに余裕がある企業であれば、すべての支払は期日どおりに行われるはずです。一方、余裕のない企業は、限られた資金のなかでやり繰りをしなければならず、そこには、おのずから「支払の優先順位」が発生します。

　最も優先度の高い支払は、どうしても支払を滞らせるわけにはいかないもの、たとえば、「取引先への支払」「銀行返済」「給与」「家賃」など、事業継続に支障がある支払です。それらの支払が遅れているとすれば、「資金繰りの赤信号」です。

　次の優先度としては、支払期日に入金がなくても、当面の事業継続に支障が少なく、支払の督促も比較的緩い公的なもの、たとえば、「税金（所得税、消費税、源泉税、固定資産税等）」「社会保険料」「健康保険料」などです。これらの支払に遅れが生じている場合は、「資金繰りの黄信号」といえます。銀行への返済が正常であっても、税金の支払に遅れが見られる場合は、資金繰りに余裕がなくなってきている兆候です。

　信号機の赤と黄とくれば、「資金繰りの青信号」は何でしょうか。それは、支払に拘束性のない任意のものを毎月正常に支払っていることです。「定期積金」や「生命保険」「共済掛金」などがあげられます。これらの支払には強制力もなく、余裕がなければやめてしまえばよいものです。これらをやめている場合でも、当面の問題はないことが多いのですが、資金繰りに余裕がなくなり始めている兆候かもしれません。

【支払状況の信号機】

赤信号 …「仕入代金」「銀行返済」「家賃」「給与」の遅延

黄信号 …「税金（所得税、消費税、源泉税、固定資産税、市県民税ほか）」「社会保険料」「健康保険料」の遅延

青信号 …「定期積金」「生命保険」「共済掛金」等の正常支払

② 税金の領収書の見方

　税金の領収書を確認するときは、まず、所得税の領収書を見ます。期日どおりに支払われていないときは、他の税金や社会保険料の支払振りも確認してください。ただ、所得がゼロの場合には、「所得税」「事業税」「住民税（均等割分以外）」の支払が発生しないため領収書の確認ができません。このような場合には、「消費税」の領収書を確認してください。消費税は、経営者がお客様から一時的に預かっている税金ですから、所得の有無にかかわらず発生します。また、金額が大きいこともあり、他の税金は正常に支払っていても、消費税だけが遅れていることがよくあります。本来は別にしておかなければならない消費税を流用するようであれば、資金繰りに余裕がない証拠です。消費税が遅れている場合には、必要に応じて、毎月の公共料金や水道光熱費などの諸支払についても支払状況を確認してください。

　税金の領収書を見る場合は、必ず「入金日」を見て、支払期日に入金されていることを確認してください。税金の種類によって支払期日が異なりますので、頭に入れて審査に臨みましょう。

　「納税証明書」を持参するお客様もいますが、納税証明書には、税金の支払の有無しか記載がなく、支払日の記載がありません。支払の遅れが懸念される場合には、「領収書」の現物を確認してください。本来、税金の領収書は手元に一定期間保管しておくべきものであり、「領収書を紛失してしまったので、納税証明書を持ってきました」というお客様がいれば、経営者としての管理能力が心配です。期日に支払っていないことを隠すために、あえて

納税証明書を持ってくる方もいますので、注意してください。「納税証明書を提出してもよいですか」と聞かれた場合には、「納税証明書を取るには、お金も手数もかかり、お客様にご負担をおかけします。手元に保管している領収書で十分です」という言い方で、領収書の提出をお願いしてください。

税金が遅れた理由について、「うっかりして支払を忘れてしまいました」という方も少なくありません。その場しのぎの言い訳である可能性もあるので、そのときは預金通帳などにより、納付日現在での預金残高を確認してください。実際に支払金額相当の残高がある場合は、その事実を稟議書に記録として残しておくことです。真偽を確認することを怠らないでください。

なお、長期にわたる税金の未払いがある場合には、未納税額を知るためにも、税務署との「分割協議書（未納分を、いつ、いくら払うかを明記したもの）」の提出を依頼してください。協議書の内容どおりに、その後の支払が行われているかどうかも確認しておきましょう。

▷ キーセンテンス ◁

1　税金の支払状況を確認することで、企業の資金繰りの状態がわかる。

・各種税金の名前、税金の対象、支払時期を知識として身につける。

・税金の支払状況を見る目的は、支払の有無よりも、支払日を確認することにある。

2　支払日により、企業の資金繰りの状況が見えてくる。

「支払状況の信号機」を意識→特に「黄色（税金の遅れ）の注意信号」に着目

赤信号…「仕入代金」「銀行返済」「家賃」「給与」の遅延

黄信号…「税金（所得税、消費税、源泉税、固定資産税、市県民税ほか）」「社会保険料」「健康保険料」の遅延

青信号…「定期積金」「生命保険」「共済掛金」等の正常支払

Ⅳ-8　定性分析と定量分析とのリンク

　定性分析と定量分析で把握した情報を関連づけて考えることにより、もう一段上のレベルの審査を実施することができます。

❶　定性面から定量面の実態を探る

　製品の販売量や商品単価、利益率などを知ることができれば、売上げや利益の金額を類推することができます。併せて、実際の決算書の金額と突合することによって、決算書の数字の信憑性も確認することができます。

【事例1】 中古車販売業Ｔ

> 担当者「どのような車種を取り扱い、月に何台ぐらい販売しているのですか。中心になる価格帯はいくらぐらいですか？」
>
> お客様「一般の乗用車が中心です。30万円から100万円ぐらいの回転の速い低価格帯のものが中心です。平均すると50万円ぐらいの車が主体になっていると思います。1日2～3台、月平均で60台ぐらい売っています」
>
> 担当者「人件費や、家賃等、経費は平均すると毎月いくらぐらいですか？」
>
> お客様「そうですね…。月1,000万円ぐらいでしょうか」
>
> 担当者「値づけはどのようにしているのでしょうか。仕入値に対して、利益は何割程度確保するようにしていますか？」
>
> お客様「売値は仕入値の2倍を基準に考えています。だから、原価は50％ぐらいでしょうか。売値200万円ぐらいの利幅のよい高級車をもっと扱いたいのですが、仕入値が高くなると、資金もたくさんいるので、なかなか手が出せません。実は今回お借入れしたいのも、高級車の仕入れを増やしたいからです」

【ヒアリングのポイント】

・主に低価格の乗用車を中心に取り扱う中古車販売小売業者

・中古車が1台平均50万円。価格帯30万円から100万円

・月に平均60台を販売

・原価率50%

　経営者の申出をもとに、売上げや経費などを推計してみます。1台平均50万円として、月に60台販売すれば3,000万円、原価が50%とすると粗利益は1,500万円、経費が1,000万円とすると、営業利益は500万円と推計できます。この数字を、決算書の数字と比較してみてください。実際の売上げと大差がなければ、決算書の数字は実態を反映したものと考えられ、その裏付けともなります。

　仮に、決算書の売上げの数字が申出よりも極端に大きな場合は、実態よりもよく見せたいという経営者の思惑が働いているのかもしれません。この場合は、さらに具体的な質問を重ね、実態を確認してください。

　決算書の売上げが申出よりも小さい場合には、意図的に売上げを過少計上していることが考えられます。この場合は、簿外の売上げがないかどうか、帳簿やお金の流れなどを確認してみることが必要です。節税目的で、売上げを少なく申告している場合、決算書上の利益が少なくても、実際には、それ以上の利益を確保している企業だと判断できます。

　このように、取引状況等の実態を数字化することにより、決算書の数字の裏付けが取れ、より信憑性の高いレベルでの定量分析が可能になります。

　本書の冒頭で、「小企業の決算書は信憑性に欠ける」「実態を表していない」という話をしました。上記のように、数字面での信憑性が確認できれば、確信をもって、定量分析による融資判断が可能になるのではないでしょうか。

❷ 定量面から定性面の実態を探る

　定量分析の結果から、逆に定性面（事業内容）が見えてくる場合もありま

す。

　先ほどの中古車販売の例で、仮に、決算書の原価率が70％とします。経営者にお聞きした原価率50％との食い違いが見られるため、実態を確認する必要が出てきます。

〔決算書の原価率が70％の場合〕

> 担当者 「原価率は50％とおっしゃいましたが、決算書を拝見したところ、原価率は70％です。もう少し詳しくお話を聞かせてください」
>
> お客様 「そうですか。自分では、仕入値の倍の値段で販売するように値をつけているつもりでした。値引きが常態化しているので、原価率が上がっているのかもしれません」

という実態把握ができれば、定性面の聴き取り内容としては原価70％として稟議書に記載する必要があり、修正します。

〔決算書の原価率が30％の場合〕

　仮に、決算書の原価率が30％だとします。経営者に聞いてみたところ、

> お客様 「通常は仕入値の２倍の値をつけるのですが、この期は、高級車を中心に特別に安く仕入れることができたので、単価も高く粗利も多く取れました」

という理由で、「一時的な」売上げと利益の増加があったことがわかりました。

　今期だけの一時的な数字であれば、稟議書の定性面の記載は50％で正しいわけです。ただ、今期の原価率が特別に低かった理由は、決裁者にわかるように稟議書に記載しておきましょう。

【事例2】 衣料品小売業者L

〔原価率が業種平均よりも高い場合〕

> 担当者 「決算書で原価率を計算すると70%近くになります。同業の方と比べて高めではありませんか。原価率は50%ぐらいが一般的だと思いますが…」
>
> お客様 「ご指摘のとおりです。利ザヤが薄くなっています。実は、数年前、近くに大型店ができて安い商品が多く出回り、売上げが減っています。客離れを食い止めるために値下げせざるを得ない状況です。いままでは、3,000円で仕入れしたシャツを6,000円で売っていたものを、30%引きして4,200円で販売した結果、原価率が70%近くになってしまいました。経費を差し引くとほとんど利益は出ない状況です」
>
> 担当者 「そうでしたか。このままでは先行きが心配ですね。何か抜本的な改善策が必要です。具体的な対策を、一緒に考えてみませんか?」

というように、原価率が高いという定量分析の結果から、当該企業が抱える問題として近隣に大型店舗が進出してきたことによる売上不振があり、今後の具体的な対策が必要だという、定性面の実態を明らかにすることができます。

【事例3】 製造業者Y

〔経費は減少しているのに、原価率が高い場合〕

> 担当者 「決算書の人件費が前期に比べて大幅に下がっていますね…」
>
> お客様 「経費節減のため正社員を1名解雇しました」
>
> 担当者 「人を減らすのはやむを得ないかもしれませんね。そのぶん、売上げの減少につながりませんか?」
>
> お客様 「人を減らしたぶんは外注にまわしているので、売上げは維持

担当者 「なるほど、それで、外注費が増加して原価率が上がっているのですね。ただ、人員削減前よりも利益は少し減少していますね。外注費の負担が大きいのではありませんか？」

お客様 「そうですね。急ぎの仕事があり、外注にまわす仕事が多かったことも原因だと思います。人件費を抑えても、結果的に外注費が増えては意味がありませんね。外注費を減らす方法を考えてみます」

　表面的に数字を分析した場合には、利益が少し減ったという評価で終わってしまうかもしれません。定量分析の内容と定性分析の内容を関連づけてみることによって、企業の現状や問題点、今後の見通しなどについて明確化できる場合もあります。

❸　定性分析と定量分析との整合性を考える

　新人審査担当者は、融資判断よりも、稟議書の作成に時間をかける傾向にあります。稟議書の項目を入力していくことに精一杯で、入力し終わると、審査が終わった気持ちになるのかもしれません。知識や経験が不足しているので、仕方ないことかもしれませんが、ヒアリングで得た貴重な情報を定性面に的確に記載し、定量面の数字の分析につなげなければ、質の高い審査はできません。

　定性分析は、まず、経営者のバックグラウンドや企業の歩んできた道のりを理解します。次に、企業の実態を把握し、どのような形態で、どのような活動をしているのか、また取扱商品の特徴や競合他社との差別化をどのように図り利益を上げているのかといったビジネスモデルを理解し、企業の強みを明確にします。逆に、業績が不振な企業であれば、ビジネスモデルを把握したうえで、取扱商品等の特徴や強みはないのか、それはなぜか、どのように改善するのか、といった点について経営者に確認するとともに、経営者自身の能力や経済環境も含め、先行きの見通しについて考えることが必要にな

ります。

　定性分析によって、事業の背景や課題を理解したうえで、決算書の数字（定量）を分析すると、決算書の数字だけではわからない点が、見えてくるようになるはずです。「決算書の数字と定性分析の結果との整合性を検討することにより、企業実態がより明確になり、適正な融資判断ができる」ことを理解してください。

　最後になりましたが、理想的な審査担当者になるために、お客様を理解しようとする気持ちを大切にし、本音で話ができる雰囲気を醸成してください。さらに、ビジネスモデルを理解し、企業の特徴、強みを的確に把握したうえで、決算書等の数字を分析することを心がけてください。

> **キーセンテンス**

★定性面と定量面をリンクさせて企業を評価する意識が大切

1　定性面から定量面の実態を探る

　　商品単価、ロット、利益率等をヒアリングし、売上げや利益を試算する。

　→試算した数字と決算書の数字を突き合わせ、大きな乖離がないか検証する。

　→乖離があれば、そこが問題点。さらに突っ込んだ実態調査を行う。

2　定量面から定性面の実態を探る

　　業界平均の原価率との差異がないか、経費に大きな動きはないかなど、数字の動きから定性面の実態を明らかにする。

3　定性分析と定量分析との整合性を考える意識をもつ

第 **V** 章

創業企業審査の
留意点

これまで、すでに何年かの業歴がある企業を念頭に、定性面と定量面の整合性を考えながら定量分析する審査手法について解説しました。ただ、審査の対象となる企業は、業歴がある企業ばかりではありません。これから創業しようとする創業前の企業もあります。創業企業は、定量分析のベースになる決算書がありません。決算書の代わりに創業者が作成した「事業計画書」をベースに定量分析を行うことになります。とはいえ、事業計画書に記載されている売上げや利益の数字は、創業者が描いた理想にすぎず、過去から現在までの実績を記載した決算書とは、数字の信頼度が大きく異なります。

　そのため、創業企業審査は、創業者の資質やバックグラウンド、技術力、ノウハウといった定性分析に力点をおいて行います。どのポイントも数字や資料などの裏付けを取ることが難しいものばかりであり、高い審査スキルが必要になります。

　本章は「創業編」として、創業企業審査のポイントについて、事例をもとに、事業計画書の分析および検証の方法、さらに、客観性や実現性を踏まえた「事業計画分析票」の作成方法について解説します。創業企業はさまざまな業種業態があり、審査の方法論に確立されたものはありません。事例をもとに創業企業審査のイメージをつかむことから始めましょう。

　なお、創業企業審査の経験が少ない担当者のために、面談の流れや具体的な会話の進め方について、会話調で詳しく記載しています。どのような切り口で、どのように会話を進めていけばよいのか、実際に審査を行う際の参考にしてください。

Ⅴ-1 「事業計画書」の意義と役割

　創業企業審査において、決算書の代わりになるものが事業計画書です。事業計画書には、経営者の履歴や創業動機、ビジネスモデルなど、定性分析に必要な情報のほか、売上げや利益の見通し、創業時の資金調達計画といった定量分析のベースとなる情報が記載されています。

〔事業計画書に記載されている主な情報〕

(1)　経営者の履歴・家族状況

(2)　創業の計画性

(3)　資金使途および資金調達方法

(4)　売上げや利益の見通し

(5)　事業の強み

　事業計画書は、創業者に作成を依頼した書類を、審査担当者の視点から、その内容が的確かどうか、実現性や客観性がどの程度あるのかを検証します。計画書は創業者自身で作成することが基本ですが、コンビニエンスストアや飲食店、ハウスクリーニングといったフランチャイズとして創業する場合、フランチャイズ本部が契約しているコンサルタントや税理士などの専門家が計画書を作成しているケースもあります。その場合は、本人がどの程度その内容を理解しているのか、フランチャイザー任せの計画になっていないかについてチェックすることがポイントになります。

　上記の5項目について、もう少し詳しく解説します。

(1)　経営者の履歴・家族状況

　過去の実績がない創業企業の場合は、創業者の経営者としての資質の評価が重要です（「Ⅳ-2　沿革・履歴の把握」も参考にしてください）。特に、業界経験の有無、業界知識、ノウハウ、経理知識などは評価すべき重要なポイントです。人脈や協力者、出資者の存在など、周囲から信頼されているかどうかも大切です。計画書の内容、インタビューを通して確認してください。

　具体的には、経営者の履歴と事業とのつながりはあるか、知識や経験、資

格を活かした創業となっているかといった点を評価します。たとえば、整骨院を創業する場合、関連の専門学校で知識を習得し、柔道整復師の国家資格を取得後、何か所かの整骨院に勤務して実務経験や経営ノウハウなどを身につけたあとに独立する、というパターンが多いと思います。もし、資格取得後、勤務経験もなく、すぐに独立するケースであれば、実務経験や経営ノウハウが不足していると考えられるので、不足をどのように補うのかがポイントになります。

また、本人が資格をもっておらず、オーナー経営を目指す場合もあります。その場合は、資格保有者を確保できるのか、継続雇用の目途や給与負担などが経営にどの程度影響するのかといった点がポイントになるでしょう。

家族状況については、配偶者と子どもの有無から生計費や教育費の負担額などを推測し、事業で生計を維持できるのか、家族に事業以外の別収入はあるのか、事業に対して協力的なのかといったことを確認します。

(2) 創業の計画性

計画性は、業界経験年数、準備期間、自己資金の蓄積状況などから評価します。たとえば、ラーメン店の場合、創業動機が、単に「ラーメンの食べ歩きが好きだ」「何十軒もの店に食べに行ったことがあり、味覚には自信がある」など、趣味の延長線上のような動機で、経験も資金も不足しているとなれば、失敗する確率は高くなります。

また、十分な自己資金を準備していることは、時間をかけて準備を進めてきたことの証でもあり、熱意の大きさの表れともいえます。何年も前から創業に向けて知識や経験、自己資金を蓄積してきた計画性の高い創業は成功する確率が高くなります。この点は、事業計画の計画性の高さと創業後のパフォーマンスを分析したさまざまな学術研究でも明らかにされています。

(3) 資金使途および資金調達方法

創業に必要な資金は、設備資金と運転資金に大別されます。まず、店舗や事務所などの保証金・敷金、改装資金、什器備品など、設備資金の使途が妥当かどうかをチェックします。具体的には、売上予想の達成が可能な設備となっているか、必要以上に高額で無駄な設備を購入していないかなどを検証

します。飲食店であれば、売上予想に見合った店舗面積、座席数が確保できているか、運送業であれば、売上予想を達成できるだけの車両台数となっているかなどを、経営指標や業界データなどをもとに検証します。

次に、運転資金は、創業してから軌道に乗るまでの資金繰りに余裕があるのかを確認します。自己資金の余裕はどの程度か、身内からの支援は期待できるのか、銀行から融資を受けられる見込みはあるのか、担保となる不動産があるのかなどを検討し、計画を大幅に下回った場合でも当面の資金繰りに不安がないかどうかを評価します。運転資金の借入依存度が高いと、その後の経営が苦しくなることは、財務分析の理論でもよく指摘されている点です。

⑷　売上げや利益の見通し

売上げや利益の見通しの実現可能性については、市場環境の把握や分析が適切か、競合他社への対策は十分かなど、計画書の記載や添付資料をもとに、客観的に判断してください。「Ⅲ-7　今後の売上見通しの把握」の考え方と基本的に同じですが、創業企業は、実績をベースにした分析ができないので、できる限り客観的かつ慎重に（現実的に）に計画の数字を評価しなければなりません。明確なエビデンスがあるのか、エビデンスがなくても現実的な根拠を感じ取れるのかなど、経営指標や業界誌などの情報をもとに冷静に評価してください。

⑸　事業の強み

競争が激しい市場で存在感を打ち出すには、独自性や他社にはないメリットを提供できる商品や技術の提供が必要です（「Ⅳ-5　ビジネスモデルの把握③」で説明したとおりです）。

創業企業全体の3割近くを占める飲食店は、参入が容易で競争が激しい業界なので、独自性をどのように打ち出すのかが重要です。ボリュームのある料理を適正な価格で提供する、価格は高いが美味しい料理とくつろげる空間を提供するなど、お客様にお得感や特別感を与えられる工夫がポイントです。

また、飲食店に次いで創業が多い理美容業は、大手のチェーン店は別とし

て、基本的に料金で大きな差を出すことは難しい業種です。店舗の内外装や立地なども重要ですが、長い目で見れば、経営者の人物や技術力が常連客を確保できるかどうかのポイントになります。

さらに、小売業や卸売業は、仕入れの仕方を工夫することで、ほかよりも安い商品や希少性のある商品を提供できるかどうか、もう一度買いに行きたい店づくりやサービスが提供できるかどうかがポイントになります。

以上のように、創業企業の強みの評価については、いままでにはなかった独自性があるのか、他社にはないメリットを顧客に与えられるのかなど、常識的な視点も駆使して、検討してください。

V-2 事業計画書に基づく審査

　ここからは、事例に基づいて、事業計画の妥当性の評価方法について具体的に見てみましょう。読者のみなさんは、自分が審査担当者になったつもりで、それぞれの項目についての評価を一緒に考えてください。

 イタリアンレストラン（創業者T・45歳）の事例

(1) 経営者の履歴、家族状況および創業動機

〔事業計画書〕

履歴	高校（東京）卒業後、N調理師専門学校に入学 2年間在籍し調理師免許取得 イタリアンレストランA（東京）に5年間勤務。調理担当 イタリアンレストランB（横浜）に8年間勤務。調理およびホール担当 イタリアンレストランC（東京）に12年間勤務。店長兼料理長担当 現在に至る。
家族状況	妻　　（42歳）専業主婦 長女（17歳）高校2年生 長男（14歳）中学2年生
創業動機	オーナーシェフを目指して、勤務時代から独立を考えており、ここ数年、夢の実現に向け店を探していた。今回、自宅近くの駅前に好立地の路面店を見つけ、創業を決意した。

　事業計画書の履歴、家族状況、創業動機について、お客様にインタビューしてみましょう。

担当者　「事業計画書を拝見させていただきました。イタリアンレストランでの勤務経験が長く、その経験を活かしての創業ですね。提出していただいた計画書をもとに、いくつか質問をさせていただきます。まず、ご経歴とご家族の状況について、教えてください」

創業者T　「経歴は事業計画書に記載したとおりです。専門学校を卒業して調理師免許を取得した後、都内の大手イタリアンレストランAに調理担当

として5年勤務しました。その後、知人に声をかけられ、横浜のイタリアンレストランBで8年修行しました。小さな店だったので、混雑時にはホールも担当し、接客も経験しました。あるとき、都内で複数のレストランを経営するオーナーから、系列店のイタリアンレストランCを任される話があり、転職しました。12年間、料理長としてだけではなく、店長としてマネージメントも経験しました。さまざまな経験をさせてもらえたことが自信につながり、今回の独立を決意するに至りました。このたび、自宅近くの駅前に好立地の路面店を見つけたので、思いきって創業することにしました」

担当者 「イタリアンレストラン一筋で、さまざまな経験を積み重ね、長年の夢を実現するための計画なのですね。次に、ご家族について教えてください」

創業者T 「妻と子どもが2人います。中学生と高校生です。2人とも教育にお金がかかる時期でもあり、ますます頑張らなくては、という思いです。妻は専業主婦ですが、子育てからも解放されましたので、店を手伝ってもらうことも考えています。妻は、過去にレストランでホール担当として経験を積んでいますので、即戦力として働いてもらえると思います。妻の実家も応援してくれています」

担当者 「奥様だけでなく、奥様のご実家からの支援もあるのですか。それは心強いですね」

〔概評〕

イタリア料理一筋で、25年の経験を有し、調理技術は十分と思われます。店長経験もあり、マネージメント力も認められます。長年の夢の実現のために独立を決意したとのことで、十分な準備をしているようです。進学を控えた中学生と高校生の子どもの教育費負担はあるものの、子育てから手が離れた妻の協力も期待できそうです。

(2) 資金使途および資金調達方法

〔事業計画書〕

		資金使途			資金調達	
設備資金	店舗保証金	300万円	（F社重要事項説明書・20坪（66㎡））	自己資金（預金）		500万円
	店舗改装費	800万円	（N社見積り）	自己資金（義父出資金）		500万円
	厨房設備	250万円	（G社見積り）	金融機関借入れ		1,000万円
	什器備品	150万円	（O社見積り）			
	計	1,500万円				
運転資金	材料等仕入資金	100万円				
	人件費・家賃等	300万円				
	雑費	100万円				
	計	500万円				
設備・運転合計		2,000万円		合計		2,000万円

担当者 「資金のお使いみちと資金の調達方法についてお聞きします」

創業者T 「事業計画書のとおり、店舗関係の設備資金と当面の運転資金が必要です。運転資金は自己資金で賄えるので、設備資金の融資をお願いしたいと思っています」

担当者 「お店の概要について教えてください。借用予定の店舗の重要事項説明書、改装の見積書を拝見します」

創業者T 「店舗は20坪で家賃は月30万円、保証金は300万円です。席数は、カウンターが4席、4人掛けのテーブルが2卓、2人掛けのテーブルが4卓あり、合計20席です。手付金を払い、仮契約を結んでいます。契約書を持参しました」

担当者 「ありがとうございます。契約書によると敷金、手数料、礼金として各1か月分の前払いが必要ですね。客席は、カウンターとテーブルで20席ですね。それから店舗保証金は家賃の10か月分ですね。改装の見積り

は800万円ですから、20坪の坪当たりの工事単価は40万円になりますね。一般的に、工事単価は坪20万〜30万円ぐらいだと思います。やや、高い気がしますが…」

| 創業者T | 「おっしゃるとおりです。比較的所得の高い層をターゲットに考えていますので、落ち着いた雰囲気と高級感にこだわり、内装にはお金をかけるつもりです。高いかもしれませんが、客層を考えると必要な投資だと考えています。家賃については、知人の紹介もありましたので、相場よりも抑えることができました」

| 担当者 | 「なるほど…高級感を出す目的ですね。家賃を抑えることができてよかったですね。コスト削減につながりますね。次に、資金調達についておうかがいします。義理のお父様からは、いくらぐらいの支援があるのですか。返済はどのようになさいますか？」

| 創業者T | 「500万円の予定です。返済不要の出資金と考えていただいて結構です」

| 担当者 | 「身内の支援はありがたいですね。そうすると、当面の返済負担については、今回の私どもの融資分だけと考えてよいわけですね。ところで、毎月の返済金額はどの程度なら可能とお考えですか？」

| 創業者T | 「何年間での返済が可能ですか。仮に1,000万円の借入れを10年で返済するとどのぐらいの金額になるのでしょうか。できれば、長めで月々の返済金額が少なければ安心できます。私の試算では、月20万円ぐらいまでなら無理せず返済できると思っています」

| 担当者 | 「1,000万円で10年払いということは、120回払いということですから、元金均等払いの場合には月8万4,000円の元金に、利息ということになります。ただ、返済は長ければよいというものではありません。利息は残高に対してかかるものですから、返済期間が長くなると、残高の減り方が遅くなるため、結果的にトータルとしての利息負担額は大きくなります。無理のない範囲であれば、短い返済期間の方がお客様にとってプラスになると思います。10万円の100回払いだと、8年半ぐらいになります。月20万円の返済ができるようならば、15万円の67回払い、6年弱のご返済

も可能だと思います。収支計画を検討しながら条件を考えていきましょう」

〔概評〕

　資金使途については、改装費は高めですがターゲットを考えての投資とのことです。店舗、厨房設備の費用は人脈があり、比較的低価格に抑えています。資金調達については、子どもの教育費負担があるものの、創業のための資金を準備してきており、500万円の自己資金があります。妻の実家からも500万円の支援が見込まれており、総額の50％を自己資金で賄える計画といえそうです。

(3)　利益および資金収支の見通し

〔事業計画書〕（創業者Ｔの月間収支予測）

月間収支予測	
売上げ	ランチ1,500円×20席×2回転×16日 ＋ディナー6,000円×20席×1回転×25日 ＝96万円＋300万円＝396万円
原価	396万円×40％≒158万円
経費	家　　賃＝30万円 人 件 費＝正社員1名30万円＋パート2名20万円＝50万円 そ の 他＝50万円 支払利息＝1,000万円×年利3％÷12か月≒3万円 合　　計＝133万円
利益	売上げ396万円－原価158万円－経費133万円＝105万円

●売上げ

・営業日は月25日（月曜日が定休日）。

・ランチ営業は、火曜日から金曜日までの平日の週4日間。時間は11時30分から14時までの2時間半。単価は1,500円。回転数は2回転と予想。

・ディナー営業は、週6日間。18時から23時までの5時間。単価は6,000円。回転数は1回転と予想。

●原価率

　健康、安全にこだわった材料を提供し、産地直送の新鮮な素材も売りにしているため、業界平均30％よりも高めの40％で試算。

●事業の特徴

　開店予定地は比較的所得の高い層が住む住宅街であり、落ち着いた高級感のある店づくりをコンセプトに、昼間は駅周辺のOLや主婦、夜は家族連れやカップルをターゲットに考えている。

| 担当者 |　「営業時間は何時から何時までですか。ランチの時間帯も営業するのですか。休業日はいつですか？」

| 創業者T |　「土曜日と日曜日は家族連れの来店が見込めるので、月曜日を定休日にし、週6日の営業にするつもりです。火曜日から金曜日までのランチは平日の11時30分から14時まで、ディナーは18時から23時の予定です」

| 担当者 |　「ランチ営業をすると拘束時間も長くなりますし、仕込みの時間も含めると体力的にかなりきつくありませんか？」

| 創業者T |　「おっしゃるとおりで、長い目で見れば無理は禁物です。調理補助ができるスタッフを正社員として雇うことにしました。軌道に乗れば調理専門のスタッフをさらに1名増員し、将来的には調理は2人態勢で役割分担していくことを考えています。このほかに、ホール担当として2名のパートの採用も考えています」

| 担当者 |　「なるほど。正社員の方については、すでに手配済みなのですね。具体的なメニューや料金プランなどを教えてもらえますか？」

| 創業者T |　「ランチはコースのみ3種類を用意しました。1,200円、1,500円、2,000円の3種類です。ディナーについては、定番のコースは5,000円の1種類のみとして、それ以外は個別に相談して料金を決めさせていただくつもりです。アラカルトは前菜、肉、魚で各5種類、単価は1,000～3,000円、平均1,500円ぐらいを考えています。お酒類はイタリアのワインを充実させ、グラスワインは1,000～1,500円、ボトルは5,000～1万円のものを中心に置きたいと思います。客単価は、ランチで1,500円、ディナーで6,000円を想定しています。やや高いかもしれませんが、そのぶん、産地

直送の新鮮かつ安全な材料にこだわり、値段に見合った料理を提供しようと考えています。比較的所得が高い方をターゲットにしたメニューとなっていますが、値段以上の満足感を味わってもらえる店づくりを目指しています」

担当者 「所得の高いお客様をターゲットとして、食材へのこだわりをもち、併せて満足感の高い店づくりを目指しているのですね」

〔概評〕

十分な利益が出る計画になっています。それなりに、しっかりした計画・見通しですが、丁寧に数字を見ていくと、修正が必要な項目がいくつか出てきそうです。

(4) 審査担当者の手で「事業計画分析票」を策定する

次に、審査担当者の知見を加味して、より客観的で現実的な計画書を作成してみます。大切なことは、収支計画の妥当性についての検討です。一般的に、お客様の作られた計画書は、希望的、楽観的な内容となる傾向があります。審査担当者の手で、客観的かつ現実的な数字を検討し、提出された事業計画書に修正を加えて「事業計画分析票」を作成することが重要です。

それでは、このイタリアンレストランの事例について、審査担当者の目から見た修正点を検討していきましょう。

担当者 「事業計画書の見通しについてお聞きします。1か月の売上見込みを396万円と試算しています。この点について、もう少し詳しくおうかがいしたいと思います。まず客単価です。メニュー構成から見ると、大体計画書のとおりになりそうですね。単価は高めの設定で、かなり所得の多い方でないと来店いただけないような気がしますが…」

創業者T 「確かに、価格は高めの設定となっています。そのぶん、材料は吟味していますし、私の腕前を評価して来ていただけるお客様も多いと思います。当初は、もう少し高めの料金設定も考えていたのですが、リーズナブルな値段で私の料理の味を楽しんでいただきたいと考え、金額を抑えました。それでも、値段以上のお得感を感じていただける自信がありま

す。周辺に同業者もいますが、この値段で、これだけの味と雰囲気を味わえる店は、そうないと確信しています。所得の高い方たちが多いエリアでもあり、口コミを中心にリピーターになっていただけると確信しています」

担当者 「なるほど。値段以上の満足感をお客様に提供することが、お店の強みだということですね。次に1日の席数の回転率は、どのぐらいで考えていますか？」

創業者T 「ランチは2回転。ディナーは1回転を考えています」

担当者 「確かに、駅からも近く人の流れもあり、集客は見込めそうですね。ただ、ランチ2回転、ディナー1回転については、稼働率も考慮された数字でしょうか。仮に、4人掛けのテーブルを2人で使用した場合には、実際の稼働率は50%となってしまいます」

創業者T 「そこまでは考えていませんでした…。それでは、もう少し回転率は下げる必要がありますね」

担当者 「一般に稼働率は70〜80%といわれています。テーブル席が主体ですし、手堅く見て、70%で考えてみてはいかがですか？」

創業者T 「そうするとランチが1.4回転、ディナーで0.7回転というところですね。少し計画が甘かったかもしれません。ランチは1,500円×20席×1.4回転、ディナーは6,000円×20席×0.7回転とすると、1日の売上げはランチが4万2,000円、ディナーが8万4,000円となります。そうすると、ランチが月16日で67万2,000円、ディナーが月25日で210万円なので、月の売上げは277万2,000円ですね。これで利益が出るかな…」

担当者 「原価率は通常30%ぐらいだと思います。やや高めですが、材料を厳選されるということですので、当初計画どおり40%で計算してみましょう。そうすると、売上げが277万円として、原価は110万8,000円ですね。原価を111万円として売上げから差し引くと、粗利益は166万円です。次に経費ですが、家賃の30万円は契約書どおりですね。人件費は見直しの余地はありますか。パートの給与の算出根拠を教えてください」

創業者T 「調理補助の正社員1名はすでに手配済みで、月30万円で金額面でも了承してもらっています。申し訳ありません、パートの給与について

は細かい計算をせず、大まかな数字で考えていました」

| 担当者 | 「それでは、パート代をもう少し詳しく計算してみましょう。パート１名につき、ランチ時は時給1,200円として、開店準備も含めて11時から14時までの３時間で3,600円、16日働いた場合は１人当たり月５万7,600円になります。ディナータイム時は時給1,500円とした場合、18時から23時までの５時間で7,500円、25日で１人当たり18万7,500円です。昼夜各１人の場合は24万5,100円で、２人の場合は49万200円になります」

| 創業者Ｔ | 「本当だ、計画の２倍以上の金額になりますね。大雑把な計算でした。そうすると…人件費を抑えるためにも、やはり妻に手伝ってもらう方がよいですね。当面は無給で協力してもらいます」

| 担当者 | 「パートは昼夜各１名にして、当面は奥様にサポートしてもらう前提で見直すと…先ほどの計算どおり、パート代は月24万5,100円で、当初の計画を５万円ほどオーバーしますね。その他の経費の詳細はいかがですか？」

| 創業者Ｔ | 「水道、電気、ガス等の光熱費で月20万円、チラシやインターネットへの掲載費用等の広告宣伝費として10万円、消耗品の購入や通信費等の諸経費に、月10万円、合計で月40万円を考えています」

| 担当者 | 「経費には減価償却費が含まれていませんね。大雑把な計算ですが、保証金を除く今回の設備が1,200万円で、仮に償却期間が10年だとすると、償却費は年間120万円になりますので、月10万円を費用に計上しておきましょう。先ほどの経費40万円に減価償却費を含めると月50万円ですから、当初の月50万円の計画に、パート代の人件費を５万円上乗せした、55万円を経費として算出してみましょう」

| 創業者Ｔ | 「減価償却費も経費として入れておくのですね。わかりました」

| 担当者 | 「計画のベースとなる売上金額については、月商が277万円とすると、年商は3,324万円となります。お客様が当初作成された事業計画書の月商396万円、年商4,752万円からは、かなり下方修正したかたちとなりますね。客観的な数字の根拠として、日本政策金融公庫が調査して公表している「小企業の経営指標調査」の業種別の売上額と比べてみます。西洋料

理店の坪当たりの指標売上げは約215万円ですから、20坪の場合、4,300万円となります。従業員1人当たりの指標売上げは、年商で1,411万円です。パートを除いた従業員数が、ご本人と奥様および正社員1名の計3名とすると、1,411万円×3名＝4,233万円となります。

　計画の売上見込みは3,324万円ですから、いずれも指標の範囲内であり、過大な計画ではない、現実的な数字となっています。お客様の経験や店舗の立地を考えても妥当な計画だと思います。奥様の協力を前提とすれば、人件費を低く抑えることができるので、修正後の計画でも、月28万円の利益を見込むことができます。

　この利益のなかからご家族の生活費を差し引かなければなりませんが、仮に生活費を月25万円とした場合でも、3万円の余裕があります。このほかに減価償却費10万円も実質的な返済財源として見込めますので、毎月13万円の返済が可能となります。

　それでは、今回の融資の返済条件については、余裕を見て月10万円のお支払で検討しましょう。営業が軌道に乗るまでは、計画どおりの売上げが見込めない場合も考えられます。慎重に安全性を見て、返済元金を半年間だけでも据え置くことをお勧めします。いかがでしょうか？」

`創業者Ｔ`　「最低でも月400万円の売上げは堅いと思っていましたので、この計画であれば十分余裕があると思います。ただ、予想どおりにはいかないことがあるかもしれませんので、毎月の返済については、おっしゃるとおり、月10万円の返済でお願いします。当初半年間の元金の据え置きができれば、余裕をもって返済ができるので助かります」

`担当者`　「わかりました。月10万円の元金ですと100回払い（8年4か月）、6か月の据置期間をおくと9年近くの返済期間となります。それでは、この計画をベースにして融資の検討をしたいと思います」

以上のようなやりとりのなかで、事業計画書をベースにして、お客様の考えも取り入れながら、より現実的な数字に置き換えて、計画書を修正することができました。この利益見通しをもとに、返済計画を考え、お客様が無理なく返済できる金額を提案するのも審査担当者の重要な役目です。

〔修正後の月間収支予測〕（アミカケ部分は当初計画値を修正した数字）

修正後の月間収支予測		
売上げ	ランチ1,500円×20席×1.4回転×16日 ＋ディナー6,000円×20席×0.7回転×25日 ≒277万円	
原価	277万円×40％≒111万円	
経費	① 家賃＝30万円	
	② 人件費＝正社員1名30万円＋パート1名25万円＝55万円	
	③ その他の経費＝50万円 　ガス・水道等光熱費　20万円 　宣伝広告費　　　　　10万円 　消耗品費・諸経費　　10万円 　減価償却費　　　　　1,200万円÷120か月＝10万円	
	④ 支払利息＝1,000万円×年利3％÷12か月＝2万5,000円≒3万円	
	経費計（①＋②＋③＋④）＝138万円	
利益	売上げ277万円－原価111万円－経費138万円＝28万円	

●売上げ

・営業日は月25日（月曜日が定休日）。

・ランチ営業は11時30分から14時までの2時間半。火曜日から金曜日までの週4日間で客単価は1,500円、回転数は1.4回転と予想。

・ディナー営業は18時から23時までの5時間。週6日間で、客単価は6,000円、回転数は0.7回転と予想。

●原価率

　健康、安全にこだわった材料を提供し、産地直送の新鮮な素材も売りにしているため、業界平均30％よりもやや高めの、40％で試算。

●経費等

・家賃＝30万円

・人件費＝正社員1名30万円＋パート昼夜各1名計25万円＝55万円

・ガス・水道等光熱費＝20万円

・宣伝広告費＝10万円

・消耗品費・諸経費＝10万円

・減価償却費＝1,200万円÷120か月＝10万円

・支払利息＝1,000万円×年利3％÷12か月＝2万5,000円≒3万円

（注）

　この事例では、元金均等払いの説明をしていますが、元利均等払いの場合は、元利金を合わせた金額で考えてください。

〔検討結果〕

　計画のベースとなる売上金額については、月商が277万円、年商は3,324万円となり、当初の月商396万円、年商4,752万円と比べると70％に下方修正しました。客観的な数字の根拠として、日本政策金融公庫作成の「業種別経営指標」の売上額と比べても、業界平均の範囲内であり、過大な計画ではない、現実的な数字となっています。

　経験や店舗の立地を考えても妥当な計画であり、妻の協力を前提とすれば、人件費を低く抑えることができるので、修正後の計画でも利益は月28万円を見込むことができます。家族の生活費を差し引いても、毎月3万円の利益が見込めるうえ、減価償却費10万円も実質的な返済財源になるので、毎月13万円の返済は可能と考えられます。

　今回の融資については、余裕をみて、月10万円の元金返済とし、慎重に考え、元金を半年間据え置くことも考えてみてはいかがでしょうか。

❷　美容室（創業者M・28歳）の事例

⑴　経営者の履歴、家族状況および創業動機

〔事業計画書〕

履歴	高校卒業後、K美容師専門学校（東京）に入学 卒業と同時に、美容師免許取得 P美容室（千葉）に5年間勤務 Q美容室（東京）に3年間勤務。管理美容師の資格取得 現在に至る。

家族状況	独身 実家の両親のもとに同居
創業動機	専門学校在学当時から、20歳代のうちに自分の店舗をもつことを考えており、ウォーターフロントの一角にある好立地の店舗に出会い、近隣のオフィスの勤務者やタワーマンションの住民などをターゲットにしての創業を決意した。 勤務者時代の給与は蓄えにまわすほどの額ではなく、借入れに依存した創業計画となるが、競合店も少なく、維持可能と考えている。

この事業計画書に基づいて、お客様にインタビューしてみましょう。

担当者 「事業計画書を事前に拝見させていただきました。2か所の美容室での勤務経験があり、その経験を活かしてのご創業ですね。提出していただいた計画書をもとに、いくつか質問をさせていただきます。まず、ご経歴とご家族の状況について、教えてください」

創業者M 「専門学校を卒業し、美容師の免許を取得しました。卒業後すぐに、千葉県のP美容室で5年勤務したあと、東京のQ美容室で3年勤務しました。その時に、管理美容師の資格も取得しました。若いうちに独立して、自分のスタイルで営業することを考えていました。今回、好立地の路面店が見つかったので、思いきって創業を決意しました」

担当者 「ご家族の状況についてお聞きします」

創業者M 「私は独身です。親元で両親と一緒に暮らしています。独立のための資金を蓄えたくて、生活費は親に頼っているのが現状です」

担当者 「ご両親が、生活費の面で、協力してくださっているのですね」

〔概評〕

まだ若いですが、一定の経験も積み、独立への意欲は強そうです。真面目で、努力家タイプの印象を受けます。生活費については実家の支援も見込めそうです。

(2) 資金使途および資金調達方法

〔事業計画書〕

		資金使途			資金調達	
設備資金	店舗敷金	100万円	家賃@20万円×5か月	自己資金	100万円	
	店舗改装費	500万円	（Y社見積り）	金融機関借入れ	900万円	
	美容椅子什器備品等	200万円	美容椅子3台ほか（W社見積り）			
	計	800万円				
運転資金	人件費・家賃等	100万円				
	その他	100万円				
	計	200万円				
設備・運転合計		1,000万円		合計	1,000万円	

担当者 「資金のお使いみちと資金の調達方法について、教えてください」

創業者M 「店舗は15坪（約50㎡）で家賃は月20万円、敷金は100万円です。美容セット椅子3台、シャンプー台2台を設置する予定です。店舗改装資金として500万円、什器備品等で200万円、敷金と合わせて設備資金としては計800万円を見込んでいます。従業員は、友人の美容師1名を雇用する予定です。当面の運転資金として200万円を考えています。運転・設備資金として合計で1,000万円を見込んでいます。自己資金は100万円、残りは金融機関から900万円を借りる計画です」

担当者 「店舗敷金は家賃の5か月分ですね。改装の見積りは500万円ですから、15坪の坪当たりの工事単価は30万円ちょっとですね。一般的に、工事単価は坪20万～30万円ぐらいですから、妥当な計画ですね」

創業者M 「ありがとうございます。落ち着いた雰囲気になるようなお店づくりを考えています」

担当者 「ただ、自己資金が全体の1割で、残り9割が借入れであり、借入主体の計画ですね。理想的には、半分程度は自己資金を準備されると返

済負担も小さくできて、安心なのですが…」

創業者M 「ご指摘はもっともです。もっと自己資金を用意したかったのですが、勤務先の給与だけでは多くの貯蓄はできず、これが精一杯です。親からの借入れも考えなかったわけではありませんが、できるだけ自分の力で創業したいと思い、金融機関からの借入れを主体に考えました」

〔概評〕

資金使途については、改装費等も含めて妥当ですが、年齢的にも自己資金が少なく、借入依存の計画になっています。

(3) 利益および資金収支の見通し

〔事業計画書〕（創業者Mの月間収支予測）

月間収支予測	
売上げ	12,000円×10人×25日＝300万円
原価	300万円×10％＝30万円
経費	家賃＝20万円 人件費＝正社員1名30万円 光熱費、通信費、広告費等その他＝30万円 支払利息＝900万円×年利3％÷12か月≒2万円 合計＝82万円
利益	売上げ300万円－原価30万円－経費82万円＝188万円

●売上げ

・営業日は月25日（火曜日が定休日）。

・営業時間は、11時から21時までの10時間。単価は、カット6,000円、カットとパーマで1万円、カラーリング5,000円。平均客単価は1万2,000円。

・1日当たり10人の来客を見込む。

●原価率

業界平均10％で試算。

●経費

美容師1名を雇用し、昼、夜の2人交代制を取る。

・家賃＝20万円

・人件費＝正社員１名30万円

・光熱費、通信費、広告費等その他＝30万円

・支払利息＝900万円×年利３％÷12か月≒２万円

●対象顧客等

　都心のウォーターフロントに立地、オシャレな雰囲気の若者向けの店づくりを目指す。夜は周辺の勤務者、昼間は学生やタワーマンションの住民、夜は営業時間を長くして、周辺のオフィスの勤務者をターゲットとする。

〔概評〕

　計画を見ると、十分な利益が出る見通しになっています。ただ、新規の不特定多数のお客様を中心とした売上見込みであり、売上予想額もかなり高い印象です。楽観的な見通しではないか、その根拠等について、お客様と担当者の間で、以下のようなやりとりが行われました。

担当者　「次に、売上げや利益についての数字面について、ご質問します。まず、売上げの見通しについて、その根拠を教えてください」

創業者M　「１日10人の来店客で、客単価が１万2,000円、25日の営業として、月300万円の売上げを見込んでいます」

担当者　「なるほど…。そうすると、月に250人の来店客を見込んでいるということですね。来店客数１日10人の具体的な根拠はありますか？」

創業者M　「具体的な根拠といわれると困りますが…。店舗の立地はよく、ほかに競合店もありません。従業員と２人ですので、１人で１日に５人のお客様には対応できますし、それぐらいはやっていかないといけないと思います」

担当者　「たとえば、いまのお店のなじみ客の顧客リストはありますか。そこから、何名ぐらいの方が来ていただけそうですか。いまのお店との関係でトラブルにはなりませんか？」

創業者M　「私のなじみのお客様には定期的にご案内を差し上げています。200人ほどになるでしょうか。独立については、現在のオーナーも応援し

てくれていますので、なじみ客への声かけについては特に問題はないと思います。ただ、開業する店舗の場所はいまのお店の近くではないので、みなさんが来ていただけるかどうかはわかりませんが…」

| 担当者 | 「なるほど。それでは、いまのなじみ客の半数が継続して利用されると仮定した場合… 100人になりますね。それらの方が2か月に1度来店されるとして月に50人ですね。先ほどのお話で月250人の来店を見越していましたが、残りの200人はどのようにして集客されるのでしょうか?」

| 創業者M | 「具体的には、これから考えるところですが…。当面は、周辺のご家庭等へのポスティングとインターネットへの広告掲載を考えています」

| 担当者 | 「開店当初から1日10名のお客様がいらっしゃるという計画に無理はありませんか。仮に、いまのなじみ客に来ていただけるとしても、200人の半数の方が、2か月に1度来店すると仮定して月50人、1日当たり2人です。残りの8人の方をどのようにして呼び込むのかがポイントです。営業が軌道に乗ってくれば口コミ等により、将来的には10名来ていただけるかもしれませんが、当初から、それだけの来店客数を見込むのは難しいかもしれません。新規で多くの顧客を確保できるというお店の強みがありますか。たとえば、他店よりも料金が安いとか、ほかではない技術やサービスを提供できるとか…」

| 創業者M | 「料金は特別に安いというわけではありません。技術的には自信はありますが、明確に、これだ、ということはないですし…。特別なサービスを考えているわけではありません」

| 担当者 | 「新規顧客確保のために、具体的に何ができるのか。また、具体的にどのようなメリットを提供できるのか…。その点を慎重にお考えになられてはいかがでしょうか?」

| 創業者M | 「おっしゃるとおりですね…。少し見通しが甘かったかもしれません」

| 担当者 | 「当初の計画では、少し楽観的な見込みになっており、多めの利益を見込んでいますね。慎重に見て、見込みの半分、1日5名の売上げで

計算した仮定で検討してみてはいかがでしょう」

創業者Ｍ 「そうですね。一緒にやる従業員も美容師を長年やっていますので、私と同じぐらいのなじみ客はもっていると思います。１日５人程度ならば、実現性は高いと思います」

担当者 「そうですか。その従業員の方の分も合わせて、なじみ客が１日３～４人来ていただければ、可能性はありそうですね。他にも、経費面では、減価償却費を加えなくてはなりません。また、ご自身の生活費も含めて検討が必要です。これから、具体的な返済条件も含めて、詳細を詰めていきましょう」

(4) 審査担当者の手で「事業計画分析票」を策定する

上記のやりとりをもとに、担当者自身の考え方も加味し、あらためて「事業計画分析票」を作成してみます。

それでは、この美容室の事例について、審査担当者の目から見た修正点を検討していきましょう。

〔修正後の月間収支予測〕（アミカケ部分は当初計画値を修正した数字）

修正後の月間収支予測	
売上げ	（12,000円×５人）×25日＝150万円
原価	150万円×10％＝15万円
経費	①　家賃＝20万円
	②　人件費＝正社員１名30万円
	③　その他の経費＝37万円 光熱費、通信費、広告費等その他＝30万円 減価償却費＝800万円÷10年÷12か月≒７万円（10年償却と仮定）
	④　支払利息＝900万円×年利３％÷12か月≒２万円
	経費計（①＋②＋③＋④）＝89万円
利益	売上げ150万円－原価15万円－経費89万円＝46万円

●売上げ

・営業日は月25日（火曜日が定休日）。

・客単価12,000円。

・１日５人の来店客を見込む。

●原価率

　業界平均10％。

●経費等

・家賃＝20万円

・人件費＝正社員１名30万円

・光熱費、通信費、広告費等その他＝30万円

・減価償却費＝800万円÷10年÷12か月≒７万円（10年償却と仮定）

・支払利息＝900万円×年利３％÷12か月≒２万円

　経費合計＝89万円

〔検討結果〕

　上記のように、確実性を重視して、月の売上げは300万円から150万円に下方修正しました。それでも毎月46万円の利益が出る見通しです。年間の売上げは1,800万円であり、この妥当性について、先ほどのイタリアンレストランの事例と同様に、日本政策金融公庫の「小企業の経営指標調査」の数字と比べて客観性をチェックします。

　指標を見ると、美容室の椅子１台当たりの業界平均の売上げは644万7,000円ですから、３台だと1,934万1,000円≒1,930万円となります。従業員１人当たりの売上げは、年商で936万7,000円ですから、本人、従業員１名の計２名で、年商は1,873万4,000円≒1,870万円となります。売上見込み1,800万円は、ほぼ業界平均の範囲内であり、過大な計画ではなく、現実的な数字です。本人は独身ですが、仮に月20万～30万円の生活費を見込んだとしても、十分に返済は可能な計画となります。この数字をベースにして、返済条件を詰めていきます。

　なお、計画を修正して考えた場合に、上記の事例のように返済財源が見込めればよいのですが、なかには返済財源が十分には見込めないケースも出て

きます。当面は利益償還できる財源が出てこないとしても、企業の将来性を評価できると考えた場合には、先の売上げや利益を考え合わせて判断することも必要です。

〔2年目の月間収支予測〕（下線部分は、修正計画をさらに修正した数字）

　2年目の収支予想を立ててみます。2年目は、従業員をもう1名増やして、3名体制になると仮定します。売上げ、その他経費は150％増と想定します。

●売上げ

・営業日は月25日（火曜日が定休日）。

・客単価12,000円。

・1日7.5人の来店客を見込む。

　売上げ＝（12,000円×7.5人）×25日＝225万円

●原価率

　業界平均10％。

　原価＝225万円×10％≒23万円

●経費等

・家賃＝20万円

・人件費＝正社員2名×30万円＝60万円

・光熱費、通信費、広告費等その他＝30万円×150％＝45万円

・減価償却費＝800万円÷10年÷12か月≒7万円（10年償却と仮定）

・支払利息＝900万円×年利3％÷12か月≒2万円

●利益

　売上げ225万円－原価23万円－経費134万円＝68万円

　1年目の月の利益は46万円ですが、2年目は、さらに22万円の利益増が見込める計算になります。

　当初の計画では財源不足でも、その後の改善が期待できる場合には、その間の元金を据え置くなどして返済負担を軽減し、思いきって支援することも考えられます。お客様の経営者としての考え方をしっかり聞いてください。

③ スポーツ用品小売業 （法人として設立。創業者H・52歳）の事例

(1) 経営者の履歴、家族状況および創業動機

〔事業計画書〕

履歴	大学卒業後、大手スポーツ用品製造販売会社に入社 東京、大阪等の営業所にて、小売店向けの営業を8年間担当 本社にて企画、経理部門を6年間担当 地方の営業所の管理職を15年間歴任 広島の営業所長を最後に退職 資本金2,000万円で法人設立
家族状況	妻（50歳）主婦・パート 子どもなし 両親を扶養
創業動機	勤務者時代の経験を活かして、スポーツ用品、特にテニス用品を中心とした小売店の創業を決意。前勤務先との人脈を活用し、廉価な商品仕入れが可能。

担当者 「事業計画書を事前に拝見させていただきました。ご経歴とご家族の状況は、計画書の記載のとおりですね。それでは、創業動機についてもう少し詳しく教えてください」

創業者H 「勤務者時代の経験と人脈を活かして、スポーツ用品小売店の創業を考えました。ご存知のとおり、小売業界では廉価販売による大型店の力が強く、小規模の小売店ですと価格では差別化できないので、新規参入のハードルは高いと思います。ただ、勤務者時代に小売店向けの営業を行っていた経験から、小規模店ならではの小回りの利く販売の利点も体感し、悲観はしていません。創業にあたり、顧客の要望に応えられる豊富な品揃えとサービスを提供できるテニス専門店として、ミドル世代・シニア世代（のプレイヤー）をターゲットにしたテニス用品の販売に力を入れたいと考えています。将来的には、店舗販売だけでなく、若者向けのネット販売にも力を入れ、クラブやサークル向けのユニフォーム等の注文販売も

考えています。もうひとつの利点として、実は、前勤務先の上司から、メーカーのアンテナショップ的な販売を示唆され、価格、取引条件等、仕入面からの協力も得ています。私としては、十分な見通しがあり、採算の取れる事業と考えています」

担当者 「なるほど、そうした背景があっての創業なのですね」

〔概評〕

業界での経験、知識は豊富です。管理職の経験も長くマネージメント能力が見込め、前勤務先からの支援も期待できそうです。創業への意欲は強く、計画性もうかがえます。人物は誠実で熱意も感じられます。

(2) 資金使途および資金調達方法

〔事業計画書〕

		資金使途			資金調達	
設備資金	店舗保証金	300万円	（S社重要事項説明書・60坪（約200㎡））	自己資金（資本金）		2,000万円
	店舗改装費	1,200万円	（J社見積り）	自己資金（代表者借入れ）		1,000万円
	パソコン等設備	300万円	（N社見積り）	金融機関借入れ		2,000万円
	什器備品	200万円	（B社見積り）			
	計	2,000万円				
運転資金	材料等仕入資金	2,000万円				
	人件費・家賃等	500万円				
	予備費	500万円				
	計	3,000万円				
設備・運転合計		5,000万円		合計		5,000万円

担当者 「資金のお使いみちと資金調達方法について教えてください」

創業者H 「店舗は60坪（198㎡）で家賃は月60万円、保証金は300万円です。店舗改装資金として1,200万円、パソコン設備として300万円、什器備品等

で200万円、設備資金としては2,000万円を見込んでいます。借用予定の店舗は、以前も小売店として使用されていたため、居抜きに近いかたちで使用できるので、改装費は抑えられます。従業員は店舗の販売員として正社員2名およびパート2名を雇用予定です。当面の運転資金として仕入資金2,000万円、家賃、人件費および予備費として1,000万円を考えています。設備・運転資金として合計で5,000万円を見込んでいます。資金調達については、資本金は2,000万円で、出資者は代表者である私の自己資金です。さらに代表者借入分として1,000万円を別途用意しています。原資は、前勤務先からの退職金3,000万円を使います。不足分の2,000万円について、今回お借りしたいと考えています」

担当者 「資金のお使いみちとしては妥当な計画だと思います。資本金のほか、代表者借入も含めると自己資金比率は60％となり、比較的堅実な資金調達の計画ではないでしょうか」

〔概評〕

資金使途については、設備資金、運転資金とも妥当なようです。金融機関からの借入比率は40％で、堅実な資金調達計画となっています。

⑶ 利益および資金収支の見通し

〔事業計画書〕（創業者Hの月間収支予測）

月間収支予測	
売上げ	40万円×25日＝1,000万円
原価	1,000万円×70％＝700万円
経費	家賃＝60万円 人件費＝代表者給与50万円＋正社員給与（30万円×2名） 　　　　＋パート給与（20万円×2名）＝150万円 光熱費、通信費、広告費等その他＝50万円 利息＝2,000万円×年利3％÷12か月＝5万円 減価償却費＝1,500万円÷10年÷12か月＝12.5万円≒13万円（10年償却と仮定） 合計＝278万円

利益	売上げ1,000万円 − 原価700万円 − 経費278万円 = 22万円

●売上げ

・1日平均40万円。

・営業日は月25日（水曜日が定休日）。

・営業時間10時から19時。

●原価率

70％で試算。

業界平均60〜65％の原価率よりは、やや高めに設定（大規模店に対抗するために、定価よりも販売価格を低めに設定するため。なお、前勤務先からの仕入分については通常の2割引での仕入れが可能なため、この程度の原価率に抑えられる）。

●経費等

・家賃 = 60万円

・人件費（代表者のほか、正社員2名とパート2名を雇用）

　= 代表者給与50万円 + 正社員給与（30万円 × 2名）

　　+ パート給与（20万円 × 2名）

　= 150万円

・光熱費、通信費、広告費等その他 = 50万円

・減価償却費 = 1,500万円 ÷ 10年 ÷ 12か月 = 12万5,000円 ≒ 13万円（10年償却と仮定）

・支払利息 = 2,000万円 × 年利3％ ÷ 12か月 = 5万円

〔概評〕

減価償却費も含めて考えると、十分に利益が出る見通しになっています。ただ、新規の不特定多数の顧客が対象なので、予想どおりの売上げが見込めるかがポイントになります。月1,000万円の数字が楽観的な見通しではないか、その根拠、裏付けなどについて確認が必要だといえます。

担当者　「次に、売上げおよび利益の数字について、お聞きします。まず、売上げの見通しについて、その根拠を教えてください」

創業者H　「月の売上目標を1,000万円に設定しました。人件費、家賃等の固定費を考えると、このくらいの売上げがないと、店舗の維持は難しいと思います」

担当者　「1日平均40万円の売上げが必要になりますが、それだけの売上げが見込める根拠は何かありますか。客単価を1万円としても、1日当たり40人、月1,000人の購入者が必要になります」

創業者H　「確かに…そうですね。出店場所については、事前に立地条件や顧客層等のマーケティング調査をしました。その結果から、大型店のあるターミナル駅から離れた私鉄沿線の中核駅を選びました。この地域は比較的富裕層が多く、車を使わないシニア層や時間に余裕のある層をターゲットに、品揃えと雰囲気のよい店づくり、きめ細かいサービスにより、顧客の確保は可能だと考えました。

　事前の調査によると、駅から3km圏内には10万世帯、25万人が居住しています。周辺地区には公営も含めたテニスコートの数が多く、余暇を楽しめる富裕層も多く居住しています。したがって、他の地区よりもテニス人口は多く、2万人近いテニス愛好家がいると見込んでいます。

　特に、週に1回以上テニスをする熱心な方々が、この地区のテニス人口の40％を占め、これらのテニス愛好家を常連客に確保できれば、十分な顧客層となると考えています。幸い、駅周辺には同業者はなく、テニス用品の購入には、最寄りのターミナル駅まで出かけなければなりません。2万人の一般プレイヤーが年に1回、そのうちの4割の8,000人の愛好者が半年に1回来店していただければ、年間2万8,000人の方の来店が見込める計算となります。

　そうなれば、月に1,000人の方の利用は十分可能と考えています。なお、ガットの張替えや小物の購入来店者のほか、ラケットを購入される方の客単価は2万〜3万円、ウエアーやシューズ等の客単価としては1万円を見込んでいますので、平均客単価は1万円以上になると想定しています」

担当者　「なるほど、事前の調査も綿密に行っているのですね。それでは、他店と比べての、御社の強みについて、具体的に教えていただけますか？」

　「まず、価格についてです。大型店との価格差が大きければ、利便性だけでは顧客を惹き付けられません。大型店ほど安くはできないとしても、利益率を多少犠牲にしてでも、常時、定価よりも安い価格設定を考えています。幸い、前勤務先の協力が期待でき、仕入価格を抑えることができるのが当社の強みです。

　もうひとつ、お客様の立場に立ったサービス提供を考えています。定期的にガットの張替えが必要なお客様については、張替え料は無料にし、さらにガット代も格安に設定することで、頻繁に足を運んでもらい、常連さんになっていただきます。そこから、口コミによる、ご家族、知人の方等への利用の広がりも期待できると思います。

　また、地元のサークル単位での試打会や出張販売、独自のユニフォームの提案などお客様のニーズに応じたかたちのサービス提供も考えています。当面は店舗販売に力点をおくつもりですが、将来的には、利益率の高いインターネット販売にも力を入れていきたいと考えています」

担当者　「御社の強み、経営に対するお考えは、よくわかりました。それでは、具体的な収支見通しについて、検討していきましょう…」

（「事業計画分析票」の作成については省略）

〔概評〕

　売上見通しについては、不特定多数のお客様が対象ですが、先ほどの２つの事例のように単価や回転数から直接計算して売上げを予測することが難しいケースです。他企業との競合がある場合、どのように他店との差別化を図るのかについて聴き取り、判断材料とすることが大切です。

　なお、不特定多数のお客様をターゲットにする場合、市場調査のデータが客観的な数値の根拠となります。お客様が独自に調査会社に調査を依頼し、詳細な分析をしているケースもあります。調査レベルについて具体的に質問し、データの信頼度を確認していくことも大切です。

〔検討結果〕

　見通しの数字の判断根拠としては、経営指標等の数字と比較します。日本政策金融公庫の「小企業の経営指標調査」によると、スポーツ用品小売店の

「店舗面積3.3㎡（1坪）当たり売上高」は402万5,000円です。60坪の場合は、241,500千円（≒2億4,150万円）となります。「従業員一人当たりの売上げ」は、指標によると年間2,315万3,000円です。本人、正社員2名＋フルタイムパート2名の計5名で、年商は1億1,576万5,000円（≒1億1,577万円）となります。計画の売上見込みは、1億2,000万円ですから、面積での売上見込みは指標の半分、従業員数の売上見込みでは、ほぼ指標どおりの数字となります。したがって、この計画は現実的な数字と判断できます。事前の市場調査や、前勤務先とのつながりによる廉価な仕入れが可能なこと、細やかなサービスによる常連客の確保、さらに資金調達の堅実さなどからも、計画は妥当と判断できると思います。

　なお、銀行からの借入返済については、月の利益22万円と減価償却費13万円、合わせて月35万円の返済原資を確保できます。2,000万円の借入れについて、月35万円の元金返済とすれば、58回払い、約5年で返済が可能です。仮に10年返済、120回払いとすれば、月17万円（＜35万円）の返済元金で済むため、余裕をもった返済が期待できると考えられます。

　┌─ **キーセンテンス** ─┐

・提出された「事業計画書」の妥当性を、客観的にチェックする。
　→数字の分析だけでなく、創業者の経歴等、定性面からの見方も大切。
・第三者ではなく、お客様自身が作成した事業計画書の提出を求める。
　→創業者の考え方や本音を知る。
・資金調達方法に着目する。
　→自己資金の準備はあるか、借入依存の創業計画ではないか。
　→全体の半分（50％）が自己資金で賄われていることが理想。
・自己資金が少ない＝毎月の返済負担が大きくなる。
　→利益（収支）の見通しを慎重に検討する必要がある。
・事業計画書だけでなく、補助資料等が添付されているか。

→データ収集等の客観的、多角的な調査がなされているか。

→数字の裏付けが取られているか。

・収支見込みが、最も重要。

→いろいろな角度から現実的な検討がなされているか。

→楽観的な数字ではないか、見込みが甘くないか。

・数字を厳しめに見ている計画書は信頼できる。

→審査担当者が「事業計画分析票」を作る場合には、担当者の主観ではなく、お客様の考え方を加味して作成する姿勢が大切。

┤ コラム⑩ ├

創業も既存の企業も、定量分析の基本的な考え方は同じ

　実績を積んだ既存の企業の定量分析においては、主に決算書の数字を見て判断します。創業企業についても数字で判断することは同じです。ただ、決算書がない創業企業を数字で判断するためには、決算書に代わるものが必要です。それが「事業計画書」です。事業計画書には、決算書と同様に、損益計算書と貸借対照表に該当するものがあります。損益計算書に当たるものが、利益の見通しを表す収支見込みであり、貸借対照表に当たるものが、資金使途の明細であり資金調達の内訳です。

　収支見込みは損益計算書と同じ役割ですから、売上げ、原価、経費の数字が必要です。売上げについては、単価やロット、回転数等から、予想します。製造業、卸売業、建設業などの業種等で、決まった取引先が特定されている場合には、取引先との受注契約書等を確認し、契約書がない場合でも、具体的な数字を聴き取るなどして、経営者が提出した資料をもとに具体的な数字を積み上げていくことが大切です。原価については、経営指標等を活用して、業種ごとの原価率を把握します。経費については、主要な勘定である人件費、家賃を中心に、固定費がどのくらいかかるのか、他企業と比較した年収や、パート時給の妥当性等も考えて算出します。また、家賃について

216

は、地元の相場を知るとともに、たとえば、売上げと比較して、月商の10%以内に抑えるなど、家賃の妥当性についてバランス感覚をもって判断することも大切です。

　創業時の資産、負債については、「開始貸借対照表」のかたちを取って作成します。資産部分については、準備資金等も含めた現金・預金、当面の在庫、保証金、什器備品等の固定資産を計上します。負債については、主に借入金で、資金調達先からの借入金の詳細を記入します。なお、法人であれば資本金を自己資本に加えます。

　これらの数字を揃えれば、分析の仕方は、通常の決算書と同様です。ただ、事業計画書は不備が多いので、審査担当者なりの判断も加えながら、経営者とともに詳細の数字を構築し、詰めていく作業が必要です。

おわりに

　読者のみなさま、ご一読いただき、ありがとうございます。繰り返しになりますが、本書冒頭の「はじめに」でも記述したように、小企業の融資審査には、大企業の融資審査とは異なる小企業特有の審査の視点が必要です。大企業のように決算書の分析を中心に定量的な分析を行うだけでなく、小企業においては、数字に表れない定性面からのアプローチが欠かせません。特に、個人企業はなりわいを維持することに力点がおかれることが多く、そのなりわいを支えるバックグラウンド等の理解が大切です。たとえば、資産面では、法人ならば代表者の資産も含めて評価する、個人企業であれば事業と家計を合体してみるなど、多角的な視点をもつことが重要になります。すなわち、数字の背景にある事業特性や経営者の実態を把握し、「定性分析と定量分析は車の両輪」という視点から判断していくことが、的確な融資審査につながることを忘れないでいてください。

　定性分析の質を高めるためには、経営者の頭の中にある考え方や今後の見通しなどを上手に引き出すこと、そのために審査担当者が、経営者と本音で話し合える関係を築くことできるかどうかが大切になります。新人審査担当者にとっては、決してたやすいことではありませんが、知識と経験豊かな経営者の方と直接お話しできる幸せを噛みしめて、お客様と審査担当者という関係だけでなく、人が人として心を通い合わせられるように、お客様の立場に立って親身に話を聴くことに挑戦してみてください。さらに、常に自己研鑽の努力を惜しまず、向上心をもって「知識の引出し」を着実に増やし、お客様に信頼される審査担当者となれるように、日々邁進してください。

　私が審査インストラクターをしていた時、審査担当者になったばかりの新人に対して、本書に書かれている内容について、個別に指導をしていました。初めての審査で戸惑いも多く、思うようにできなかった担当者がほとんどでした。ただ、半年後の再指導の機会に、同じ担当者が別人のように自信をもってお客様に対応している姿を見た時に、一生懸命に取り組む姿勢があ

れば、短期間でこんなにも成長できるものなのだと実感させられました。読者のみなさまも、本書の内容を理解し実践していただくことにより、自信をもって経営者の方々とお話ができるようになると確信しています。みなさまのご発展にエールを送りつつ、本書の結びの文章とさせていただきます。

　最後に、本書の出版にあたりご尽力いただきました、一般社団法人金融財政事情研究会の柴田翔太郎氏に、重ねて、心よりお礼申し上げます。

執筆者を代表して

由井　晃二

小企業の融資審査入門

2024年7月1日　第1刷発行

著　者　由　井　晃　二
　　　　尾　木　研　三
発行者　加　藤　一　浩

〒160-8519　東京都新宿区南元町19
発　行　所　一般社団法人 金融財政事情研究会
編　集　部　TEL 03(3355)1758　FAX 03(3355)3763
販売受付　TEL 03(3358)2891　FAX 03(3358)0037
URL https://www.kinzai.jp/

印刷：三松堂株式会社

ISBN978-4-322-14384-3